그리스도 예수의
마음을 품으라

그리스도 예수의
마음을 품으라

© 생명의말씀사 2018

2018년 11월 30일 1판 1쇄 발행

펴낸이 | 김재권
펴낸곳 | 생명의말씀사

등록 | 1962. 1. 10. No.300-1962-1
주소 | 서울시 종로구 경희궁1길 5-9(03176)
전화 | 02)738-6555(본사)·02)3159-7979(영업)
팩스 | 02)739-3824(본사)·080-022-8585(영업)

지은이 | 박순용

기획편집 | 서정희, 서희연
디자인 | 김혜진
인쇄 | 예원프린팅
제본 | 정문바인텍

ISBN 978-89-04-16648-0 (03230)

저작권자의 허락없이 이 책의 일부 또는 전체를
무단 복제, 전재, 발췌하면 저작권법에 의해 처벌을 받습니다.

In your relationships
with one another,
have the same mindset
as Christ Jesus.

성도가 지녀야 할 가장 아름다운 신비,
그리스도 예수의 마음을 품으라

추천사

삶과 교리를 아름답고도 견실하게 엮어낸 책

초대교회 그리스도의 찬송시로 알려진 빌립보서 2장 5-11절 말씀에 대한 신학적 논고와 주석과 설교가 가히 헤아릴 수 없을 만큼 많지만 정작 실체적 진리인 지혜(디다케)와 적용적 은혜인 선포(케리그마)를 아우르는 작품은 흔치 않습니다. 흔히 말하듯 교리를 잡으면 삶이 숨고 삶을 잡으면 교리가 숨는 형국인 것입니다. 그런데 본서에서는 이 둘 모두가 아름답고도 견실하게 조화를 이루고 있습니다. 곧 '교리적 삶' 혹은 '삶의 교리'에 대한 이야기가 잔잔하게 기술되어 있습니다.

본서는 '그리스도의 마음'과 '하나님의 행함'이라는 이름의 두 부분으로 대별됩니다. '그리스도의 마음'은 하나님이 우리 안에서 거저 빚어주시고 빛나게 닦아주시는 선물입니다. 우리는 불가항력적인 은혜로 이 마음을 품을 수밖에 없습니다. 그것은 하나님의 아들이 자기를 비우고 낮춰 사람의 아들이 되시는 마음입니다. 그리고 하나님의 아들이자 사람의 아들로서 죽기까지 복종하시는 마음입니다.

'하나님의 행함'은 아들이 다 이룬 의를 아버지가 기뻐하고 받아주시는 것입니다. 이것이 아들에게 영화가 됩니다. 아들의 영화는 아버지의 뜻을 이루고 그분의 인정을 받는 데 있기 때문입니다. 아버지의 뜻은 자기 아들을 속죄의 값으로 내주며 자기 백성을 구원하시는 것입니다. 그러므로 아들의 영화가 그와 함께 자녀가 된 우리의 영화의 첫 열매가 됩니다. 그리하여 그리스도의 마음을 지닌 우리가 그와 함께 높임을 받게 되는 길이 열리게 됩니다.

본서에서 저자는 이러한 은혜를 누리는 성도의 삶을 다룸에 있어서 그 시야를 단지 개개인의 인격적 차원에 국한시키지 않고 교회적 차원으로 넓게 확장

합니다. 그리하여 독자로 하여금 한 개인으로서뿐 아니라 교회의 지체로서 '그리스도의 마음'과 '하나님의 행함'을 동시에 헤아려볼 기회를 얻게 합니다.

본서의 가장 큰 장점이 여기에 있습니다. 박순용 목사님은 교회의 가르침과 설교를 긴밀히 하나로 묶어내고 그 가운데서 언약적 삶의 열매를 추구하는 가히 '선구적' 목회를 꿋꿋하게 감당하고 계십니다. 이는 현 시류로야 드문 일이지만 참 교회의 제일 표지를 제대로 구현하고자 한다는 점에서 지극히 '본연적'입니다.

본서에서 우리는 나시고 죽으시고 부활하시고 하늘에 오르신 그때의 그리스도의 마음과 우리가 품고 있는 지금의 그리스도의 마음을 서로 비춰보게 될 것입니다. 그리고 디베랴 호수의 베드로가 그랬듯이 양을 먹이고 치라는 소명을 받고 띠를 졸라매는 어느 한 목회자의 마음도 행간을 통하여 읽게 되는 준엄한 즐거움도 누리게 될 것입니다.

_ 문병호 (총신대학교 신학대학원 조직신학 교수)

인본주의로 가득한 세상에서 어떻게 살 것인지를 제시하다

박순용 목사님의 『그리스도 예수의 마음을 품으라』는 오늘날 기독교를 포함하여 세상 곳곳을 휘저으며 마구잡이로 폭력을 휘두르는 인본주의의 횡포에 강력한 제동을 건다. 세상은 말할 것도 없이 심지어 기독교 안에서도 인간적인 자아 중심성이 지배력을 확장하고 있다. 다시 말해서 채우기만 하려는 것, 높아지려고만 하는 것, 스스로 하나님이 되고자 하는 것, 자기의 삶을 위해 남의 삶을 짓밟는 것… 이런 것들 말이다.

이런 악질적인 상황에서 빌립보서의 〈그리스도 찬양시〉를 해설하는 박순용 목사님의 『그리스도 예수의 마음을 품으라』는 아주 효과 있는 검진이며 동시에 치료다.

이 책의 백미는 빌립보서의 본문을 한 절씩 풀어가면서 그리스도의 활동과 하나님의 활동이 어떤 의미를 갖는지 드러낼 뿐 아니라 본문의 의미가 오늘날 인본주의로 가득 찬 세상에서 살아야 하는 기독 신자들에게 실제적으로 어떤 교훈을 제공하는지 보여주는 데 있다.

_ 조 병 수 (합신신학대학원대학교 신약신학 교수)

그리스도 예수의 마음을 품은 교회의 아름다움을 보여주다

설교자의 서재와 강단에서 가장 많이 연구되고 사랑받는 본문 중 하나가 빌립보서 2장 5–11절이다. 그도 그럴 것이, 이 본문을 통해 성도는 예수님의 비우심과 낮추심 그리고 하나님의 높이심이라는 기독교 신학의 정수를 깨닫고 초대교회 공동체의 찬송을 함께 부를 수 있기 때문이다.

하지만 오늘날 내부의 아픔과 외부의 공격으로 인해 기쁨의 소리를 잃어가는 교회들이 많다. 그래서일까? 교회를 바라보지 말고 그리스도를 바라보라는 자조 섞인 소리가 자주 들린다.

하지만 이 책은 확연히 다른 소리를 낸다. "교회는 그리스도 예수의 마음을 품어 세상 속에서 그리스도를 보여줘야 한다!" 이 책은 본문에 담긴 신학이 성도의 신앙으로, 성도의 신앙이 하나님께 올려드리는 영광송으로 이어지게 한다. 악보는 설명이 아닌 악기로 연주가 되듯이, 박순용 목사님은 하나님의 말씀에 담긴 그리스도 예수의 마음을 품은 교회의 아름다움을 멋지게 연주하고 있다. 이 책을 읽어보라. 주님을 깊이 깨닫고 그분을 높이 찬송하게 될 것이다.

_ 김 대 혁 (총신대학교 신학대학원 설교학 교수)

그리스도 예수의 마음과 삶의 방식이 우리에게도 재현되기를

박순용 목사님의 책 『그리스도 예수의 마음을 품으라』는 존 오웬(John Owen)의 설교들을 생각나게 만든다. 오웬은 로마서 8장 13절을 중심으로 죄 죽이기와 관련하여, 그리고 로마서 8장 5-6절을 중심으로 그리스도인의 영적 사고 방식에 관하여 각각 한 권의 책을 썼던 적이 있는데 박순용 목사님은 빌립보서 2장 5-11절을 두고 유사한 방식으로 유사한 책을 쓰고 있다. 한 단어 또는 한 문구 속에 깃들어 있는 의미를 깊이 묵상하고 이를 이끌어내어 전체 그림을 완성하는 방식이다. 이런 작업은 오늘날 우리가 세워가야 할 교회의 청사진을 제시하는 방향으로 잘 연결된다. 빌립보교회 뒤에 떠돌던 다툼과 허영, 원망과 시비의 어두운 그림자가 이 시대 교회들 속에도 쉬 사라지지 않고 어른거린다.

답은 이미 우리 앞에 놓여 있다. 그리스도의 마음, 곧 그분의 생각과 삶의 방식을 재현해내는 교회가 되는 것이다. 박순용 목사님의 책은 본문에 대한 깊은 묵상과 조국 교회를 향한 뜨거운 사랑과 목양의 따뜻한 숨결이 깃들어 있는 참 청아한 글이다. 글로만이 아니라 삶과 더불어 빛나는 글이다.

그가 열망하고 꿈꾸는 그리스도 방식의 생각과 삶이 내 속에도 형성되기를 바라는 기도의 마음으로 이 책을 권한다.

_ 최 승 락 (고려신학대학원 신약학 교수)

contents

추천사 • 4
서문 그리스도 예수의 마음은 교회가 가진 최고의 보화입니다 • 14

01 교회란 무엇인가? 복음 증거 공동체! • 20

아무리 그럴듯한 명분을 내세워도 지체들 간에 일어나는 모든 다툼의 기저에는 허영, 즉 부인되지 않은 자아가 있습니다. 교회가 '복음 증거 공동체'로서의 정체성과 생명력을 유지하려면 이 다툼의 문제를 반드시 해결해야 합니다.

빌립보서 2장 5-11절, 기록 목적과 배경
교회를 교회답게 하는 것, 하나 됨
하나 됨을 막는 죄_ 다툼과 허영, 시비, 원망
하나 됨을 이루는 두 가지 길
공동체의 문제들 앞에서도 복음에 합당한 길을 찾으라

02 그리스도 예수의 마음을 품으라 • 42

하나님의 본체인 예수 그리스도께서는 자신을 낮춰 죽음으로 나아가셨습니다. 이러한 그리스도의 마음을 우리는 품을 수 있고 또 품어야 합니다. 이것이 가능한 이유는 우리가 그리스도와 연합한 자들이기 때문입니다.

위대한 변화를 이룬 그리스도 예수의 마음
성경이 제시하는 답을 의지하는가?
성육신, 그 안에 담긴 그리스도의 마음
참된 신자의 표징 1_ 결국 회개한다
참된 신자의 표징 2_ 자신이 아닌 그리스도를 향한다

03 그리스도의 마음 1
_ 존재 방식을 바꾸시다 • 58

그리스도께서는 '하나님과 동등됨을 취할 것으로 여기지 않으셨습니다!' 영원 전부터 소유해오던 신의 존재 방식을 뒤로한 채 한갓 피조물의 모습으로 낮고 천한 이 땅에 오셨습니다. 성부 하나님과 동등한 관계 속에서 누리던 특권을 포기하신 것입니다.

하나님이 종으로
그리스도가 포기하신 특권
우리를 위한 기꺼운 선택
그리스도께서 우리를 위해 자기를 낮추셨다

04 그리스도의 마음 2
_ 자기를 비우시다 • 72

예수 그리스도는 영원 전부터 소유하던 부요함을 내려놓고 생명을 포기할 만큼 가난해지셨습니다. 또 성부 하나님과 함께 누리던 영광뿐 아니라 독자적인 결정권조차 내려놓으셨습니다.

'자기를 비우셨다'는 것의 의미
비우심에 따른 첫 번째 변화_ 입법자에서 피고인으로
비우심에 따른 두 번째 변화_ 부요함에서 가난함으로
비우심에 따른 세 번째 변화_ 아버지와 누리셨던 영광을 포기하다
비우심에 따른 네 번째 변화_ 독자적인 결정권을 포기하다
자기 유익과 권리를 주장하는 데 익숙한 이들에게

05 그리스도의 마음 3
_ 종의 형체를 취하시다 • 90

그리스도께서는 '섬기는 자'로 우리 중에 계셨습니다. 노예처럼 자기 권리를 조금도 주장하지 않고 맡겨진 짐을 묵묵히 짊어지셨습니다. 우리 각 한 사람 한 사람은 친히 종이 되신 영광의 주님에게 섬김을 받은 자들입니다.

여전히 하나님인 인간 예수
하나님이 종의 짐을 지셨다
만인의 주께서 만인의 종으로
그분 앞에서 그리고 서로에게 종이 되자

06 그리스도의 마음 4
_ 사람의 모양으로 나타나시다 • 104

그리스도께서 취하신 인성은 타락 이전 아담이 가졌던 인성이나 부활 승천 후 영화로운 상태에서 나타내셨던 혹은 마지막 날 재림 때 영광 중 나타내실 인성이 아니었습니다. 놀랍게도 그분은 우리와 같은 인성, 곧 죄로 인해 연약해진 인성을 취하셨습니다.

우리와 같이 '연약한' 인성을 취하셨다
그러나, 죄는 없으시다
"하나님이 사람의 몸을 입으셨다!"
예수님에게서 하나님을 보지 못한 사람들
그리스도를 알게 하시는 이, 하나님 아버지
'진짜' 영광의 주인을 보라

07 그리스도의 마음 5
_ 자기를 낮춰 죽기까지 복종하시다 • 120

그리스도께서 보이신 낮아짐의 절정은 바로 죽음이었습니다. 결코 죽을 수 없는 존재, 하나님의 본체인 그리스도께서는 의지적으로 죽음을 택하셨습니다. 죽음을 다스리는 생명의 주께서 자신의 존재와 상관없는 세계로 나아가신 것입니다.

구약의 어린양 vs. 신약의 어린양
그리스도의 위대한 결심 두 가지
죽기까지 순종하다, 십자가 죽음
왜 그리스도는 죽음 앞에서 번민했을까?
주님만이 겪으신 '특별한' 죽음
단 한순간이라도 순종에 실패했다면 어떤 일이 일어났을까?
섬김 받았던 자로서 섬기라

08 그리스도의 마음 6
_ 십자가에서 죽으시다 • 136

십자가 위에서의 고통을 헤아려보십시오. 온 인류의 죄로 인한 저주와 고통, 조롱이 그리스도의 영혼과 육신에 가해졌습니다. 더더욱 처참하고 끔찍한 것은 그분이 성부 하나님에게도 버림받았다는 사실입니다.

가장 고통스럽고 저주스러운 죽음으로
하나님 아버지에게도 버림받다
그리스도가 경험한 세 가지 죽음
억울한 고난도 견뎌낼 수 있는 이유

09　하나님의 행함 1
　　_ 주권을 드러내시다　• 152

하나님은 그리스도의 마음을 아시고 그를 지극히 높이셨습니다. 주님의 마음을 본받아 기꺼이 자신을 낮춘다면 하나님은 우리 또한 지극히 높이실 것입니다. 고난의 상황에서도 그리스도를 따라 우리 자신을 낮출 수 있는 근거가 여기에 있습니다.

교만한 자를 낮추시고 겸손한 자를 높이시는 하나님
낮아지신 주님을, 하나님이 높이셨다
그리스도의 마음에 하나님이 반응하시다
'이러므로 하나님!'의 믿음을 가지라

10　하나님의 행함 2
　　_ 자기를 비우고 맡긴 주를 높이시다　• 166

그리스도의 높아짐을 이야기할 때 성경은 주로 '하나님 아버지'를 주어로 삼습니다. '주도적으로' 일하시는 성부 하나님과 '자기를 부인하며 성부 하나님을 의탁했던' 그리스도를 강조하기 위함입니다. 우리는 높임의 주체가 성부 하나님임을 기억해야 합니다.

그리스도의 죽음에 관해 생각해볼 두 가지
참 하나님이요 참 사람으로서 죽으시다
자신을 내어던진 그리스도 '그 이후'를 주도하시는 하나님
그리스도와 연합한 자의 모습
'높여주시는' 하나님을 믿고 따르라

11 하나님의 행함 3
_ 모든 이름 위에 뛰어난 이름을 주시다 • 182

하나님은 그리스도가 세상을 통치하는 만물의 '주'임을 선언하셨습니다. 믿지 않는 자들은 마지막 때에 이르러서야 경악과 두려움 속에서 이 사실을 인정하겠지만 우리는 이미 말씀과 성령을 통해 이를 알기에 이 땅에서 삶으로 고백하며 증거할 것입니다.

주(Κύριος)의 특별한 의미
모든 무릎, 모든 입이 예수를 주라 고백하다
누구도 거부할 수 없는 그분의 영광
겸손은 그리스도의 주권을 인정하는 데서 시작된다
주의 다스림은 신자의 진정한 특권

12 하나님의 행함 4
_ 마침내, 홀로 영광을 받으시다 • 196

모든 피조물은 예외 없이 그리스도를 주로 시인할 것입니다. 그리고 궁극에는 성부 하나님께 영광을 돌리게 될 것입니다. 이것이 인류 역사의 마지막 결론입니다. 우리는 최후에 있을 일을 이미 알기에 고난 중에도 그토록 담대할 수 있습니다.

소망 중에 바라보고 확신하는
예수의 주 되심을 삶으로 고백하라
현재를 영원에 잇대어 바라보는 신앙
그리스도의 영광은 곧 하나님 아버지의 영광
믿음의 선한 싸움을 계속할 수 있는 이유, 다시 오실 그리스도
하나님의 심판대에 설 것을 생각하라
그리스도의 마음을 품고 서로 대하라

서문

그리스도 예수의 마음은
교회가 가진 최고의 보화입니다

빌립보서 2장 5-11절은 수도 없이 읽고 듣고, 다른 성경 본문을 강론할 때도 자주 인용하던 말씀입니다. 그러나 이 말씀을 접할 때마다 제게는 늘 아쉬움과 부담이 남아 있었습니다. 왜냐하면 이 말씀이 가리키는 놀라운 실체를 저의 제한적인 이해로는 다 담아내기가 어려웠고 무엇보다 성경 기자의 의도대로 이 말씀을 예수 믿는 자로서의 삶과 연결해 수용하는 데 큰 부족함을 느꼈기 때문입니다. 그래서 언젠가는 좀 더 깊이 살피고 묵상하여 이 귀한 말씀에 담긴 교훈을 함께 나누고 싶었습니다. 그러면서도 한편으로는 이상하게도 주저하는 마음이 들어 그렇게 한참을 보냈습니다.

그러던 중 교회 리모델링으로 몇 개월 동안 서재의 도서 대부분을 이삿짐센터에 보관해야 하는 상황이 되었습니다. 다른 교회에서는 수차례 전했지만 본 교회에서는 아직 전하지 못한 빌립보서 3장 1-12절 강해를 준비하는 게 좋겠다 싶어 이전 설교 원고와 빌립보서에 관한 몇 권의 주석만 남겨두기로 했습니다.

그렇게 빌립보서 3장 강해를 다시 준비하면서 2장 5-11절을 먼저 읽었는데 그동안 주저했던 마음이 사라지고 이 내용부터 깊이 살펴야

겠다는 큰 감동이 일었습니다. 그리하여 사도 바울이 이 말씀을 하게 된 배경부터 한 절 한 절을 상세히 살피기 시작했습니다.

물론 말씀을 살피는 동안 이내 다시 큰 좌절감을 느꼈습니다. 내용의 깊이를 공감하고 이해하고 전하는 데 있어 제 능력의 한계를 절감했기 때문입니다. 그러나 그로 인해 오히려 주님에게 은혜를 간구하며 말씀을 전하기 시작했습니다. 그리고 놀라운 사실 하나를 확인하고 경험했습니다. 그것은 제 이해와 언어 전달의 한계가 여전함에도 불구하고 제 마음에 불이 붙었고 그로 인한 메시지로 성도들의 마음이 주님을 향하게 되었다는 것입니다.

특히 빌립보교회 교인들이 겪었던 문제, 곧 다툼과 허영이 우리 안에도 있기에 마음을 같이하여 같은 사랑으로 한마음을 품는 데 어려움이 있다는 사실을 보게 되었습니다. 그리고 사도 바울이 해결책으로 제시한 2장 5-11절 말씀을 소망과 기쁨 가운데 믿음으로 고백하며, 우리 교회 공동체와 개인의 삶이 그 안에 있다는 것을, 또 그 안에 있어야 한다는 것을 새롭게 깨닫고 더욱 그리하고자 힘쓰게 되었습니다.

분명 성령의 임재 가운데 느꼈던 그때의 감동을 이 책에 다 옮겨놓

기는 어려울 것입니다. 그러나 빌립보서의 그 놀랍고 부요한 진리는 말씀이 기록된 이래로 수많은 사람에게 유익과 감동을 끼쳐왔고 오늘날에도 이 책과 같은 증언들을 통해 더 많은 사람들에게 전해지고 있습니다. 앞으로도 더욱 그럴 수 있기를 바라고 믿습니다.

원망과 시비와 다툼을 해결하는 길, 그리스도 예수의 마음

오늘날 조국 교회의 현실을 바라보면 이 말씀이 더욱 절실해집니다. 한국 교회는 빌립보교회에 있었던 '다툼과 허영'(빌 2:3), '원망과 시비'(빌 2:14), '같은 마음을 품지 않고 서로 다툼'(빌 4:2) 등의 문제들을 반복해서 경험합니다. 이러한 분쟁으로 교회는 영적인 힘을 잃어가고 심지어 나뉘기까지 합니다. 그리고 교회의 분열과 다툼은 교회 안의 문제로 끝나지 않고 사회의 지탄까지 받는 지경에 이르렀습니다.

바울은 교회가 같은 마음을 품지 않고 다툼과 허영으로 행한다면 세상을 향한 증거 공동체로 온전히 설 수 없을 것이라고 지적하면서 "마음을 같이하여 같은 사랑을 갖고 뜻을 합하며 한마음을 품어 아무 일에든지 다툼이나 허영으로 하지 말고 오직 겸손한 마음으로 각각 자기보다 남을 낫게 여기고 각각 자기 일을 돌볼뿐더러 또한 각각 다른 사람들의 일을 돌보아 나의 기쁨을 충만하게 하라"(빌 2:2-4)고 권합니다. 그리고 그것의 완전한 모델이요, 문제에 대한 해답 되시는 "그리스도 예수의 마음"(빌 2:5)을 품으라고 말합니다.

이어지는 2:6-8절에서 바울은 "그리스도 예수의 마음"을 설명하면서 우리 모두가 입을 열지 못할 만큼 강력한 사실을 말합니다. 바로 "근본 하나님의 본체이신 그리스도 예수께서 자기를 비워 종의 형체를 가지셨으며 자신을 낮춰 죽기까지 복종하셨다"는 것입니다.

교회 안에서 다툼과 분열, 분노를 흔하게 접할 때마다 과연 우리 그리스도인들은 이 말씀을 제대로 알고 있을까 의문을 갖게 됩니다. 우리를 위하여 한없이 자신을 낮추신 그리스도 예수의 이 마음만큼 우리에게 필요한 것이 또 있을까요?

물론 우리는 그리스도인이 되었어도 여전히 죄를 짓고 살아갑니다. 충돌과 다툼은 이 땅을 사는 동안 흔히 일어날 수 있는 일입니다. 그러나 교회가 세상을 향한 증거 공동체로 서기는커녕 세상에서 지탄을 받을 정도로 다투고 분열한다면 예수를 믿노라 하며 모인 자들에게 어떤 결정적인 결함이 있는 게 분명합니다.

빌립보서 말씀에 비춰볼 때 오늘날 조국 교회의 가장 결정적인 결함은 그리스도 예수의 마음을 품지 않고 있는 것입니다. 그리스도 예수의 마음을 품음으로써 서로 마음을 같이하고 겸손한 마음으로 각각 자기보다 남을 낮게 여기며 뜻을 합하여 그리스도의 사랑을 나타내야 하는데 그것이 안 되고 있는 것입니다. 우리는 빌립보서 말씀에 비춰 자신이 정말 그리스도 예수의 마음을 알고 있는지 그리고 그 마음을 품고 행하는지 돌아볼 필요가 있습니다.

거짓 신자가 아니라 참된 신자라면 교회 안에 다툼과 분쟁이 있는 오늘날의 현실을 가슴 아파하며 그리스도 예수의 마음을 품고 행하고자 할 것입니다. 왜냐하면 참된 신자들은 말씀이 증언하고 있는, 우리를 위하여 자기를 낮추되 죽기까지 낮아지신 예수 그리스도를 부인할 수 없기 때문입니다.

예수 그리스도께서 피로 사신 조국 교회의 모든 성도들이여! 빌립보서 2장 6-8절에서 말하는 그리스도 예수의 마음을 품읍시다. 이 마음을 품고 주 안에서 한 몸을 이루고 있는 다른 성도들을 대합시다. 모쪼록 이 빌립보서 말씀이 그리스도 예수의 마음을 품고 행하기를 구하는 우리 모두의 삶에 역사하기를 구합니다. 주여, 그런 역사를 조국 교회 안에서 보게 하옵소서! 아멘.

하늘영광교회
박순용 목사

01

In your relationships with one another, have the same mindset as Christ Jesus.

교회란 무엇인가?
복음 증거 공동체!

: 너희 안에 이 마음을 품으라
  곧 그리스도 예수의 마음이니 (빌 2:5)

너희 안에 이 마음을 품으라 곧 그리스도 예수의 마음이니
그는 근본 하나님의 본체시나
하나님과 동등됨을 취할 것으로 여기지 아니하시고
오히려 자기를 비워 종의 형체를 가지사
사람들과 같이 되셨고 사람의 모양으로 나타나사
자기를 낮추시고 죽기까지 복종하셨으니
곧 십자가에 죽으심이라
이러므로 하나님이 그를 지극히 높여
모든 이름 위에 뛰어난 이름을 주사
하늘에 있는 자들과 땅에 있는 자들과 땅 아래에 있는 자들로
모든 무릎을 예수의 이름에 꿇게 하시고
모든 입으로 예수 그리스도를 주라 시인하여
하나님 아버지께 영광을 돌리게 하셨느니라
(빌립보서 2:5–11).

빌립보서 2장 5-11절은 그리스도의 낮아지심과 높아지심이라는 기독교의 진리를 응축하여 말합니다. 언뜻 보기에 이 말씀은 우리의 삶과 크게 관련이 없는 '교리'처럼 보입니다. 하지만 통념과 달리 교리는 추상적이거나 이론적이기만 한 지식이 아닙니다. 오히려 교리는 신자의 신앙과 삶과 매우 실제적이고 밀접한 관계에 있습니다. 신앙은 성경이 담고 있는 교리들을 떠나서는 바르게 성장할 수 없습니다.

교리가 신앙과 분리되어 죽은 지식이 되면 그것은 신자에게 해를 끼칩니다. 죽은 지식에 사로잡힌 사람은 하나님을 향한 참된 앎을 소유할 수 없고 그분과의 진실한 관계로 나아가지도 못합니다. 오히려 다른 사람을 판단하고 정죄하는 도구로 자신의 지식을 사용합니다. 이러한 죽은 지식은 진리라고 할 수 없습니다. 성경은 항상 하나님의 진리를 신자의 신앙과 삶에 연결합니다. 이를 통해 하나님은 택한 자들의 영혼을 더욱 강건하고 풍성한 상태로 이끄십니다.

빌립보서 2장 5-11절 역시 이 편지의 수신자인 빌립보교회 성도들의 신앙 성장과 맞물려 기록한 것입니다. 바울은 그들의 실제 삶과 신앙의 문제를 다루기 원했지 결코 죽은 지식을 전하기를 원하지 않았습니다.

바울의 이러한 태도는 다른 서신서들에도 드러납니다. 그가 고린도에 보낸 서신에는 교회 안의 죄악들, 곧 지체들 간의 다툼, 근친상간, 부활을 믿지 않는 그릇된 신앙 등을 지적하는 내용이 담겨 있습니다. 마찬가지로 골로새교회와 데살로니가교회에 보낸 편지에도 각각의 교회가 가진 문제들을 다뤘습니다. 바울은 편지를 받는 교회와 성도들의 영적 상태 그리고 그들이 직면한 문제를 늘 생각했던 것입니다.

이와 같이 목회자는 교회 안의 문제를 다뤄야 합니다. 성령에 의한 참된 회심과 성화를 추구하지 않고 그저 대중을 만족시키기 위하여 기복신앙을 부추기거나 기독교적 도덕률만 강요해서는 안 됩니다. 이는 바울이 지녔던 말씀 증거의 태도가 아닙니다. 또한 종교적 열심을 자극하여 기도와 전도, 봉사와 같은 행위에만 몰두하게 하거나 교회 안의 죄 문제를 다루지 않고 방치하는 일도 옳지 않습니다.

목회자는 복음을 갖고 교회가 가진 문제들을 적절하게 다뤄 그에 대한 해답을 제시해야 합니다. 빌립보교회와 돈독한 관계를 맺고 있었음에도 교회 안의 잘못을 지적한 바울처럼 목회자는 자신이 목회하는 교회의 문제를 세심하게 다뤄 성도들이 복음 안에 견고히 설 수 있도록 도와야 합니다.

한편 성도들도 이러한 목회자의 태도를 이해하고 수용해야 합니다. 한 사람의 목회자가 공동체를 하나님 앞에 바르게 세우기 위하여 말씀으로 섬기는 것은 쉽지 않은 일입니다. 성도들도 이런 사실을 알고 강단에서 전해지는 말씀을 사적 감정으로 듣거나 왜곡하지 말아야 합니다. 만약 목회자가 말씀으로 공동체의 문제를 지적하고 복음으로 해답을 제시한다면 오히려 기뻐할 일입니다. 성령께서는 목회자가 전하는 뼈아픈 말씀을 통해 공동체를 거룩하게 변화시키고 성도 개개인을 세워가시기 때문입니다. 기독교는 하나님의 말씀을 통해 전인적 변화가 일어나는 인격적인 종교입니다.

빌립보서 2장 5-11절 말씀도 그런 변화를 위하여 전해진 것이었습니다. 바울은 이 말씀을 통해 빌립보교회 성도들이 겪는 문제들에 대해 답을 주고자 했습니다. 그들이 인격적으로 반응하고 변화되기를 기대하며 이 말씀을 전했습니다.

빌립보서 2장 5-11절, 기록 목적과 배경

바울이 말씀을 전한 이유와 배경은 오늘날 조국 교회의 현실, 더 나아가 오고 오는 모든 세대의 그리스도인 삶과 신앙 여정에 깊이 연관되어 있습니다.

바울은 아시아에서 복음을 전하던 중 "건너와서 우리를 도우라"(행 16:9)는 마게도냐 사람들의 환상을 보고 성령의 인도를 받아 유럽에서 전도를 시작했습니다. 유럽 선교 중 첫 번째로 방문한 빌립보에서 바울은 자색 옷감 장사를 하던 루디아 그리고 그가 누명을 쓰고 감옥에 갇혔을 때 만난 간수와 그의 가족들을 포함해 몇 명의 회심자들을 얻었습니다. 빌립보교회는 회심한 이 두 가정을 시작으로 세워졌습니다.

이후 빌립보교회는 집사와 장로가 세워질 정도로(빌 1:1) 상당한 조직을 갖춘 교회로 성장했습니다. 그러나 바울이 일찍 떠난 까닭에 빌립보교회는 에베소교회에 비해 그 조직이 체계적이지 못했습니다. 성도들은 매우 열정적으로 복음을 전파했고 그 가운데 분명한 회심의 역사도 있었지만 한편으로는 여러 문제들을 갖고 있었습니다.

에바브로디도를 통해 빌립보교회의 문제들을 알게 된 바울은 마음에 불이 붙어, 감옥에서 풀려날 수만 있다면 속히 빌립보로 가고자 했습니다. 그러나 그는 언제 순교당할지 모르는 상황에 처해 있었습니다. 바울은 이러한 자신의 상황을 고려하면서 빌립보에 편지를 보냈습니다.

편지의 서두에서 바울은 자신의 사역 초기부터 감옥에 갇혀 편지를 쓰는 그 순간까지도 끊임없이 자신을 돕고 복음을 전하는 일에 참여한 빌립보교회에 감사의 뜻을 표했습니다. 그러나 편지의 목적은 감사 인사에만 있지 않았습니다. 빌립보교회에는 하나님의 일꾼이요 탁월한 종인 바울이 왜 그토록 오랫동안 감옥에 갇혀 있는지 의문을 가진 사람들이 있었는데, 이런 의문 때문에 시험에 든 사람들에게 답하는 것 역시 편지를 기록한 목적 중 하나였습니다. 바울은 또한 이 편지를 통하여 빌립보교회가 처한 위협과 고난을 위로하고자 했습니다.

더불어 교회 안에 생긴 다툼과 불일치를 바로잡고 교회 안에 들어온 거짓된 가르침을 경계하여 그들의 믿음을 견고히 세우려는 목적도 있었습니다. 편지의 수신자인 빌립보교회는 안팎으로 문제를 갖고 있었기 때문입니다. 내부적으로 그들은 다툼과 허영으로 행하며(빌 2:3) 당파를 이루는 일이 있었고 외부적으로는 교회를 대적하는 사람들 때문에 곤경을 겪고 있었습니다(빌 1:28). 특히 빌립보교회 성도의 대부분은 로마 시민권자였는데 그리스도를 믿은 후로는 로마 시민이 가진 특권을 잃고 전에 없던 제약과 어려움을 겪게 되었습니다. 심지어 박해를 받는 지경에까지 이르렀습니다.

이처럼 많은 어려움에 처한 빌립보교회의 성도들에게 바울은 "그리스도를 위하여 너희에게 은혜를 주신 것은 다만 그를 믿을 뿐 아니라 또한 그를 위하여 고난도 받게 하려 하심이라"(빌 1:29)고 하며 위로했습니다. 그러나 빌립보교회에 필요한 것은 위로 이상이었습니다. 빌립보교회는 세상을 향해 복음을 전하는 증거 공동체, 생명력을 가진 공동체로 견고히 서야 했습니다. 한 교회가 생명력을 갖고 견고히 서는 것은 그 교회에 속한 개개인이 영적인 생명력을 갖고 견고해짐으로써만 가능합니다. 그런데 빌립보교회는 여러 문제들로 인해 그리스도를 대적하는 세상 속에서 두려움 없이 복음을 전하는 증거 공동체요 생명력 있는 교회로 서는 데 어려움을 겪고 있었습니다. 바울은 빌립보교회가 온전한 증거 공동체로 서지 못하게 될 잠재적인 위험과 이미 드러난 가시적 위험을 모두 봤습니다.

교회를 교회답게 하는 것, 하나 됨

빌립보교회의 문제를 살피던 바울은 그들이 가진 모든 문제들이 그리스도인으로서 합당하게 생활하는 것과 관련되어 있음을 알게 되었습니다. 그래서 그는 자신의 며칠 후조차 장담할 수 없는 수감자 처지에 있는 와중에도 절박한 마음으로 "오직 너희는 그리스도의 복음에 합당하게 생활하라"(빌 1:27)고 명령했습니다. 여기서 주목할 것은 이 명령문 앞에 바울이 "오직"이라는 말을 덧붙였다는 점입니다. 이는 빌립보교회 성도들에게 있어야 할 오직 한 가지가 바로 그리스도의 복음에 합당한 생활임을 의미합니다.

그리스도의 복음에 합당하게 생활하는 것은 비단 사도 바울만이 가진 삶의 목표가 아니었습니다. 이는 빌립보교회 성도들의 삶의 목표이기도 했으며 더 나아가 예수 그리스도를 믿는 모든 자들이 가져야 하는 삶의 목표입니다. 바울은 자신의 삶 속에서 이 목표가 어떻게 드러났는지 간략하게 설명하고(빌 1:12-16) 이어 20절에서는 그의 간절한 기대와 소망이 무엇인지 밝힙니다. 그의 간절한 기대와 소망은 "아무 일에든지 부끄러워하지 아니하고 지금도 전과 같이 온전히 담대하여 살든지 죽든지 내 몸에서 그리스도가 존귀하게 되는 것"이었습니다. 진정 바울이 가진 삶의 목표는 그리스도의 복음에 합당하게 생활하는 것이었고 이는 그의 삶에서 전부와도 같았습니다.

여기에서 '합당하게 산다'는 말은 '시민답게 산다'는 것을 의미합니다. 대부분이 로마 시민이었던 빌립보교회 성도들에게 이 표현은 피부에 와 닿는 것처럼 생생하게 다가왔을 것입니다. 그들은 로마 시민이 가진 권리와 의무가 무엇인지 잘 알고 있었습니다. 그래서 바울은 "복음에 합당하게 생활하라"고 권면함으로써 그리스도의 복음을 알고 소유한 신자라면 특권을 누리는 동시에 그에 따른 삶을 살아야 한다고 강조했습니다.

하나님의 백성인 신자가 속한 나라는 그들이 지금 살고 있는 세상이 아닌 영원한 그리스도의 나라입니다. 따라서 빌립보교회의 성도들 역시 대제국 로마의 시민이 아닌 하늘의 시민으로 살아야 했습니다(빌 3:20). 그들의 왕은 로마 황제가 아니라 부활하고 승천하여 세상 역사를 주장하시는 그리스도였습니다. 또한 그들이 따라야 할 것은 세상의 가치관이나 규범이 아닌 그리스도의 복음이었습니다. 이것이 바로 신자들의 진정한 정체성에 뒤따르는 합당한 삶이었던 것입니다.

하나 됨을 막는 죄_다툼과 허영, 시비, 원망

하지만 안타깝게도 빌립보교회의 성도들은 다툼과 허영으로 인해 그리스도의 복음에 합당한 생활을 하지 못했습니다. 그들은 공동체 안에서 심각한 불일치를 드러냈습니다. 흠이 없고 순전한 하나님의 자녀요 교회로 서야 한다는 바울의 권면(빌 2:15)은 그런 배경에 따른 것이었습니다.

혹자는 각기 다른 가치관과 생각을 가진 사람들이 교회 안에 모여 있기 때문에 그 안에서 다툼과 경쟁, 허영이 있는 것은 자연스러운 일 아니냐고 생각할 수도 있습니다. 하지만 바울은 빌립보교회 안에 있는 불일치의 죄를 매우 민감하게 봤습니다. 왜냐하면 그는 교회와 교회에 속한 지체들이야말로 세상에서 가장 중요하며 또 유일한 존재라는 것을 알았기 때문입니다. 빌립보서 2장 5-11절은 교회가 그런 불일치

속에 있어서는 안 된다는 강한 확신 속에서 문제에 대한 해답으로 제시한 말씀입니다.

어그러지고 거스르는 세대 속에서 교회는 증거 공동체로 온전히 서야 합니다. 그리고 교회에 속한 지체들은 하나님의 흠 없는 자녀요 세상의 빛으로 나타나야 합니다. 교회가 하나 됨을 이루면서 그 안에 영적 생명력을 가져야 하는 이유가 바로 여기에 있습니다.

만일 교회 안에 다툼과 허영, 원망과 시비와 같은 죄의 누룩들이 있다면 교회는 영적 생명력과 세상에 대한 담대함을 잃어버리게 될 것입니다. 그리고 그러한 죄들은 결코 제자리에 머물지 않고 점점 확산되어서 더욱 부정적인 결과를 만들어냅니다. 결국 교회 안의 죄악은 교회 공동체 전체를 망치고 그 안에 있는 신자 개개인의 믿음까지도 파괴합니다.

제가 아는 어떤 교회는 소수이긴 하지만 세상에서 뛰어난 사람들로 잘 조직되어 있었습니다. 담임 목회자는 탁월한 설교자였고 성실하게 사역했기에 사람들은 이 교회에 큰 기대를 걸고 있었습니다. 그러나 교회 공동체 안에는 바울이 말한 허영과 다툼이 있었고 안타깝게도 그들은 이러한 불일치의 죄를 그다지 진지하게 다루지 않았습니다. 시간이 지나면서 죄의 누룩은 교회 전체로 번졌습니다. 성도들은 서로 크게 다투었고 결국 한 그룹이 교회를 나가는 일까지 벌어졌습니다. 그렇게 교회는 분열되었고 심지어 교회를 나간 사람들은 남은 사람들을 거짓말로 현혹하거나 교회에 대한 비방을 일삼기까지 했습니다. 게다가 거짓과 비방에 현혹된 사람들도 교회를 떠나서 나중에는 불과 몇 사람만이 남게 되었습니다. 세상 속에서 복음의 능력을 드러내고 생명력을 나타내야 하는 증거 공동체로 존재하기는커녕 교회의 하나 됨도 유지하지 못하는 상태에 이르게 된 것입니다.

바울은 빌립보교회에서 이러한 징후를 감지했습니다. 죄와 불일치의 문제를 다루지 않는다면 빌립보교회 역시 세상에 대해 무기력해지고 끝내는 복음을 증거하는 공동체로 서지 못할 위험을 갖고 있었습니다. 그래서 바울은 그들에게 불일치를 넘어서 한마음으로 설 것을 권면했습니다. 실로 빌립보교회는 바울의 권면을 따라 한마음으로 서서 한 뜻으로 복음의 신앙을 위해 협력해야 했고(빌 1:27) 마음을 같이 하여 같은 사랑을 갖고 뜻을 합하여 한마음을 품어야 했습니다(빌 2:2).

그러나 교회의 하나 됨은 '하나 되자'는 구호를 외친다고 이뤄지는 게 아닙니다. 세상에서는 구호를 외치며 사람들을 선동하면 잠시나마 하나 되고 단결하는 모습을 보일 수도 있습니다. 하지만 이는 성경이 말하는 하나 됨이 아닙니다. 성경이 말하는 참된 하나 됨은 오직 주님 안에서만 가능합니다. 교회의 머리가 되어 말씀과 성령으로 교회를 다스리시는 그리스도로 말미암아 교회는 하나 됨을 이룰 수 있습니다.

그런 맥락에서 바울은 빌립보교회 성도들에게 교회가 한마음으로 서려면 그들 안에 있는 죄악들 즉 다툼과 허영(빌 2:3), 원망과 시비(빌 2:14)와 같이 성령의 하나 되게 하심을 깨뜨리는 죄들을 제거해야 한다고 말합니다. 여기에서 '다툼'이라는 단어는 어느 영어 성경에서 '당파심'이라는 말로 번역되기도 합니다. 여기 다툼이 갈라디아서 5장에서는 당 짓는 것으로 언급되기 때문입니다. 그런데 성경에서 '당파심'은 주로 대적 또는 원수들의 악한 뜻을 묘사하는 것과 관련되곤 합니다. 그러므로 교회 안에서 일어나는 지체들 간의 다툼은 겉보기에 다투는 자들의 악의가 충돌하는 것으로 보이지만 실제로는 교회를 대적하는 원수들의 악한 뜻이 드러나는 것입니다.

이는 바울이 갈라디아서 5장에서 말한 '육체의 일' 가운데 '당 짓는 것'과 같은 것이라 할 수 있습니다. 결국 지체 간의 다툼은 당을 짓는 것이나 마찬가지라는 것입니다. 실제로 교회에 다툼이 일어나면 몇몇 사람들끼리 당을 짓고 싸우는 모습을 보게 됩니다. 이는 공동체를 파괴하는 매우 심각한 죄악이며 바울은 이를 교회 안에서 반드시 제하라고 명령합니다. 다툼의 문제를 해결하지 않으면 공동체의 하나 됨은 결코 이뤄지지 않기 때문입니다.

바울은 또한 지체 간에 '허영'을 드러내는 일에 대해서도 언급합니다. 이 허영과 같은 어근을 가진 단어는 갈라디아서 5장 26절의 '헛된 영광'입니다. 이 단어는 내면의 허풍, 내용 없는 야망 등을 의미하는데 이는 곧 허영이 자기를 드러내려는 자만심에서 나온다는 것을 의미합니다. 즉 자기방어를 위하여 스스로를 포장하는, 부인되지 않은 자아로부터 허영이 나온다는 것입니다. 여기에서 바울이 말하는 허영은 공동체 안에서 혼돈과 다툼을 일으키는 중요한 원인이 됩니다.

안타깝게도 신자가 자기 안의 허영을 깨닫는 일은 쉽지 않습니다. 다툰 일 자체에 대해서는 자신의 과오를 인정할지 모르지만 그 다툼의 원인인 허영을 분별하기란 쉽지 않습니다. 바울이 말한 것처럼 하나님이 우리의 내면을 말씀으로 밝혀주시지 않는다면 자기 안의 허영을 스스로 발견하기는 어렵습니다.

바울은 빌립보교회 성도들이 다툴 때 그 기저에 있던 허영을 봤습니다. 본문은 그들 사이의 다툼이 무엇이었는지를 명확하게 밝히지는 않습니다. 그러나 분명한 것은 바울이 그들 안의 허영을 지적하고 있다는 사실입니다. 겉으로 아무리 그럴듯한 명분을 내세우더라도 지체 간에 일어나는 모든 다툼의 기저에는 허영이 있습니다. 바울은 교회가 생명력을 드러내는 증거 공동체로 서기 위해서는 이 허영을 없애야 한다고 명령합니다.

뒤이어 바울은 공동체에서 제해야 할 또 다른 죄들을 열거합니다. 그것은 바로 원망과 시비(빌 2:14)입니다. 시비는 허영의 일종으로 알력과 논쟁을 일삼는 것입니다. 이 두 가지 모두 허영과 같이 자신을 드러내고 싶은 자만심에 기인합니다. 그런데 이러한 원망과 시비는 과거 이스라엘 백성들이 광야에서 하나님과 모세에게 보였던 태도이기도 합니다. 편지의 문맥상 빌립보교회의 성도들도 이와 같은 원망과 시비를 서로 간에 드러냈던 것으로 보입니다.

문제는 빌립보교회의 성도들이 갖고 있었던 이 악한 죄들이 세상을 향한 교회의 힘을 상실하게 한다는 것입니다. 만약 교회의 지체들 간에 바울이 말한 허영과 원망, 시비가 있다면 성령께서 생명력 있게 역사하시겠습니까? 우리가 가진 믿음이 허영과 원망, 시비와 함께 진보할 수 있을까요? 허영과 원망, 시비를 가진 교회가 복음의 능력을 온전히 드러내며 그것을 담대히 전할 수 있겠습니까? 결코 그럴 수 없습니다. 하나님은 자신의 살아 계심을 세상에 나타내실 때 이러한 죄악 가운데 있는 교회와 신자를 사용하지 않으십니다. 하나님이 자신의 영광을 위할 때에는 먼저 교회와 신자를 죄악에서 회복시키십니다. 그래서 바울도 빌립보교회를 향해 이 죄악들을 없애라고 한 것입니다.

교회의 존재 목적은 악한 세상 가운데 복음 증거 공동체로 서는 것입니다. 그리하여 하나님의 살아 계심과 그분의 영광을 나타내는 것입니다. 이를 위해 우리는 먼저 본문이 말하는 것처럼 죄를 몰아내야 합니다. 비단 교회의 생명력뿐만 아니라 개인의 믿음의 진보를 위해서도 그리해야 합니다.

하나 됨을 이루는 두 가지 길

물론 앞서 언급된 죄악들을 제하는 것만으로 교회가 복음을 증거하는 공동체로 든든히 설 수 있는 건 아닙니다. 바울은 이를 넘어 "한마음으로 서서 한 뜻으로 복음의 신앙을 위하여 협력하라"(빌 1:27)고 적극적으로 권면합니다. 허영과 다툼으로 생긴 불일치의 문제에 대해 "서로 한마음으로 하나 되는 것"을 해답으로 제시한 것입니다. 바울의 권면대로 마음을 같이하여 사랑으로 서로를 품는 데까지 나아가는 태도는 교회가 복음을 위해 협력하는 신앙 공동체로 서기 위하여 반드시 필요합니다.

하나 됨은 우리의 영적 건강과 믿음의 진보와도 관련되어 있습니다. 공동체 안에서 사랑으로 하나 됨을 지키는 것은 신자의 영혼을 건강하게 하며 하나님의 복을 풍성하게 누리게 합니다. 이런 맥락에서 바울은 이 하나 됨을 구원의 증거(빌 1:28)로 말하기도 합니다. 물론 교회를 미워하는 세상, 즉 교회 공동체의 대적자들에게는 멸망의 증거가 될 것입니다.

안타깝게도 하나 됨이라는 말은 자주 하면서도 이를 진지하게 고민하는 교회 공동체와 신자들은 적어 보입니다. 대신 시퍼렇게 살아 있는 자아를 갖고 언제든지 상대방의 말과 행동에 되받아칠 준비가 된 사람들을 쉽게 봅니다. 이런 태도는 공동체 안에서 시비와 원망으로 이어지고 그리스도 안에서 하나 되는 것을 더욱 어렵게 합니다.

오늘날 교회는 '성령 안에서의 하나 됨'을 우리의 구원의 증거요, 대적하는 자들에게는 멸망의 증거로 더욱 선명하게 드러내야 합니다. 교회 안의 다툼과 허영을 결코 허용하지 않아야 합니다. 혹 일시적으로 그런 일이 있어도 회개함으로써 그런 상태를 지속하지 말아야 합니다. 어떻게든 다른 지체들과 마음을 같이하고 같은 사랑으로 뜻을 합하려고 해야 합니다. 그리스도의 몸에 속하여 그분의 지체가 된 사람들, 곧 말씀과 성령으로 그리스도의 통치 아래 사는 사람이라면 정녕 그리할 것입니다.

물론 성경이 말하는 하나 됨을 지키려고 할 때 신자는 고난을 당할 수도 있습니다. 하지만 그러한 고난조차도 하나님의 백성에게는 선물입니다. 하나님은 자신의 백성들에게 믿음과 더불어 고난을 선물로 주십니다(빌 1:29). 그리고 신자는 그 고난을 통해 자신의 존재를 확인하며 나아가 하나님의 백성다움을 세상에 드러냅니다. 그래서 신자의 고난은 하나님의 선물이요, 또 은혜인 것입니다.

바울이 말한 것처럼 그리스도의 몸 된 교회는 마음을 같이하여 같은 사랑을 갖고 한 뜻과 한마음을 품어야 합니다. 하지만 바울은 더 나아가 이 하나 됨을 이루기 위한 두 가지 구체적인 권면을 덧붙입니다. 첫 번째는 "오직 겸손한 마음으로 각각 자기보다 남을 낫게 여기는 것"(빌 2:3)입니다. 그리고 두 번째는 "자기 일을 돌볼뿐더러 또한 각각 다른 사람들의 일을 돌보는 것"(빌 2:4)입니다. 바울은 자칫 영적 무기력에 빠질 수 있었던 빌립보교회에 이 두 가지를 가지라고 적극적으로 권면합니다.

첫 번째로 언급된 '겸손한 마음'은 빌립보교회가 갖고 있던 허영과 다툼, 시비와 원망에 대한 대답일 뿐만 아니라 동시에 신자들의 관계 속에서 일어나는 모든 문제를 해결하는 최고의 대답입니다. 바울이 말한 겸손은 세상에서의 겸양을 의미하지 않습니다. 우리는 흔히 다른 사람들 앞에서 자기를 경시하는 것을 겸손이라 생각하지만 그것은 성경이 말하는 겸손과 거리가 멉니다. 오히려 우리는 다른 사람들 앞에서 거짓된 자기 경시로 겸손한 척하는 것을 경계해야 합니다.

성경이 말하는 겸손은 일단 신자가 하나님의 백성으로서 하나님 앞에서 갖는 마음입니다. 하나님 앞에서 자신이 피조물임을 인정하고 하나님을 의존할 때 그리고 그리스도의 구속 없이는 우리가 아무런 가치가 없는 존재임을 인식할 때 비로소 우리는 참된 겸손으로 나아가게 됩니다. 더 이상 자신을 내세우지 않고 나보다 다른 사람을 낫게 여기게 되는 것입니다.

겸손한 마음을 갖지 못하는 이유는 하나님 앞에서 자신이 어떤 존재인지 모르기 때문입니다. 하나님은 언제든지 우리의 생명을 거둬가실 수 있는 주권자입니다. 우리는 그러한 하나님에게 철저히 의존할 수밖에 없는 피조물입니다. 하나님 앞에 설 때 우리는 오직 자신의 약함과 결함만 발견하게 될 뿐입니다. 그 앞에서 우리는 누가 잘났는지 못났는지 가릴 수 없습니다. 인간 수준에서의 도토리 키 재기에 불과한 것입니다. 아무리 탁월한 사람이라도 하나님 앞에서 아무것도 아닌 자입니다. 신자는 하나님 앞에서 자신의 존재가 어떠한지를 분명히 인식하고 겸손해야 합니다. 어쭙잖은 우월감을 버리고 자신보다 다른 사람을 더욱 낫게 여겨야 합니다. 그것이 그리스도의 몸 된 교회, 증거 공동체 안에 속한 하나님의 백성들이 가져야 할 모습입니다.

또한 교회의 하나 됨을 구체적으로 드러내기 위한 바울의 두 번째 권면은 자기 자신뿐 아니라 다른 사람의 일을 돌아보라는 것이었습니다. 이는 내게 없는 장점이 다른 사람에게 있다는 것을 인정하고 그것을 본받으라는 의미입니다. 우리는 타인과 관계를 맺을 때 심지어 교회 안에서 다른 지체들과 함께할 때에도 자기중심적이 되곤 합니다. 이처럼 자신의 관심사, 자신의 영적 유익만 계속 추구하다 보면 결국 교회 내에서도 마음이 맞는 사람들과만 가깝게 지내게 됩니다. 이런 모임들은 교회 안에 갈등이 생길 때 이내 당파로 변질됩니다. 바울은 이러한 위험성을 내다보고 빌립보교회 성도들에게 다른 사람을 돌아보라고 명령한 것입니다.

우리는 자신에게만 시선을 두지 말아야 합니다. 다른 지체들을 바라보면서 그들 안에서 순전하고 고상한 장점들을 발견하고 격려하고 본받아야 합니다. 다툼과 허영을 넘어 하나 되기 위해서, 교회를 대적하는 이 세상 속에서 하나님의 살아 계심을 증거하고 그리스도의 영광을 드러내기 위해 다른 사람을 돌아봐야 합니다.

공동체의 문제들 앞에서도 복음에 합당한 길을 찾으라

세상에서 통용되는 개인주의는 교회에서 동일하게 인정될 수 없습니다. 성경은 분명히 그리스도의 몸으로서 하나 됨, 한 뜻, 한 사랑이 교회 안에 있어야 한다고 말합니다. 우리는 이를 해치는 모든 죄악들을 다뤄야 합니다. 직면해야 합니다. 가령 어떤 목회자는 다투는 성도들에게 교회를 떠나라고 명령하는데 이는 악한 일입니다. 왜냐하면 교회 안의 죄는 회피할 것이 아니라 해결해야 할 문제이기 때문입니다. 피하려고만 든다면 그 공동체는 더 이상 믿음의 진보를 이룰 수 없습니다. 잠시 종교적 자기도취와 만족을 느낄 수 있을 뿐입니다. 하나님은 정녕 거룩하신 분입니다.

목회자는 도리어 다툰 당사자들이 그 죄를 회개하도록 도와야 합니다. 그래서 공동체를 다시 세우고 그리스도의 하나 됨을 힘써 지키라고 권면해야 합니다(엡 4:3). 권면을 받은 성도들 역시 다툼과 허영으로 행하는 것은 하나님 앞에 옳지 않으며 도저히 용인될 수 없는 것임을 깨닫고 성경이 말하는 바대로 즉시 돌이켜야 합니다. 더 이상 죄의 문제를 피해서는 안 됩니다.

바울과 같이 자신에게 맡겨진 영혼들을 진리 안에서 건강하게 세우는 것이 목회자의 일입니다. 하지만 이러한 마음을 품고 목회를 하더라도 의외의 반응을 만날 수 있습니다. 가령 중재하고 화해시키려고 할 때 어떤 사람들은 진실하게 회개하지 않고 그 상태에서 돌이키지 못하는 것입니다. 계속 부정적인 마음을 갖고 그 마음에 따라 행동합니다. 중재하려고 할수록 되레 상대방 편을 드는 것 아니냐며 역정을 내기까지 합니다.

계속 이런 저항과 충돌을 겪는 건 힘들지만 그렇다고 피해버린다면 그것은 불충실한 목회입니다. 주께서 맡기신 동안에는 힘들더라도 공동체의 죄악을 바로잡고 계속 권면해야 합니다. 그것이 목회자의 책무입니다. 말씀에 따른 목회자의 권면을 거부하고 그것으로 자존심 상했다고 말하는 것은 말씀을 주관적으로 판단하고 듣기 때문입니다. 하나님 앞에 올바로 선 사람은 결코 상대방을 미워하는 마음으로 권면하지 않습니다. 목회자가 그와 같은 일을 하는 것은 신자가 하나님 앞에 바로 서서 온전한 신앙생활을 영위하도록 돕기 위해서일 뿐입니다.

바울이 언급한 다툼, 허영, 원망, 시비가 그리스도의 몸 된 교회 안에 있다면 교회는 이를 반드시 다루고 해결해야 합니다. 그런 죄악들을 방치하면 누룩처럼 번져 공동체 전체가 부패하게 될 것입니다. 그리고 결국 생명력을 잃을 것입니다. 그러므로 우리는 자기 신앙에만 몰두해 있는 건 아닌지 돌아보고 다른 지체들과 한마음, 한 뜻으로 나아가기 위하여 힘써야 합니다. 말씀의 인도와 성령의 역사를 따라 복음의 능력을 드러내는 증거 공동체로 견고히 설 수 있도록 구해야 합니다.

구체적인 모범을 찾고 싶다면 주 예수 그리스도를 보십시오. 하나님 앞에 겸손한 마음으로 서며 다른 지체들을 나보다 낮게 여겼던 최고의 모범은 바로 우리 주 예수 그리스도입니다. 그래서 바울은 구체적인 권면에 뒤이어 "너희 안에 이 마음을 품으라 곧 그리스도 예수의 마음이니"(빌 2:5)라고 말합니다.

이 말씀은 앞서 말한 교회의 전반적인 상황 가운데서 나온 것입니다. 안으로는 허영과 다툼, 시비와 원망의 문제를 겪고 있고 밖으로는 교회를 대적하는 사람들에게서 위협을 받았던 빌립보교회를 향해 바울은 한마음 한 뜻으로 그리스도의 마음을 품으라고 말합니다. 바로 그것이 빌립보교회가 생명력이 있는 건강한 증거 공동체로 설 수 있는 최고의 길이었기 때문입니다.

우리가 처한 오늘날의 영적 현실에서도 최고의 답은 그리스도 예수의 마음을 품는 것입니다. 하나님을 점점 더 노골적으로 대적하는 이 패역한 시대의 사람들은 무엇이 옳고 그른지 갈피를 잡지 못해 방황합니다. 안타깝게도 교회 역시 이런 상황에서 해답을 내놓지 못하고 있습니다. 자기밖에 모르는 이 시대, 자율적 자아를 중시하는 포스트모더니즘의 영향 하에 있는 이 시대에 영혼의 안식처를 제공해야 할 교회가 그 역할을 제대로 감당하지 못하고 있는 것입니다.

더 이상 이래서는 안 됩니다. 우리는 불일치를 야기하는 모든 죄를 회개하고 동시에 그리스도 안에서 하나 됨을 이루기 위해 간구해야 합니다. 그리하여 주의 살아 계심과 성령의 역사, 복음의 능력을 드러내는 증거 공동체로 견고히 서야 합니다.

02

In your relationships with one another, have the same mindset as Christ Jesus.

그리스도 예수의
마음을 품으라

: 너희 안에 이 마음을 품으라
  곧 그리스도 예수의 마음이니

너희 안에 이 마음을 품으라 곧 그리스도 예수의 마음이니
그는 근본 하나님의 본체시나
하나님과 동등됨을 취할 것으로 여기지 아니하시고
오히려 자기를 비워 종의 형체를 가지사
사람들과 같이 되셨고 사람의 모양으로 나타나사
자기를 낮추시고 죽기까지 복종하셨으니
곧 십자가에 죽으심이라
이러므로 하나님이 그를 지극히 높여
모든 이름 위에 뛰어난 이름을 주사
하늘에 있는 자들과 땅에 있는 자들과 땅 아래에 있는 자들로
모든 무릎을 예수의 이름에 꿇게 하시고
모든 입으로 예수 그리스도를 주라 시인하여
하나님 아버지께 영광을 돌리게 하셨느니라
(빌립보서 2:5-11).

바울이 빌립보교회에 전한 빌립보서 2장 6-11절 말씀은 그리스도의 노래라고도 불립니다. 이 말씀은 불일치의 죄로 생명력을 상실해가며 세상을 향한 증거 공동체로 온전히 서지 못할 위험에 있는 빌립보교회에게 바울이 최고의 해결책으로 제시한 내용입니다.

지금까지 이 말씀은 출처에 대한 논쟁이 있었고 해석에서도 이견이 있었습니다. 그러나 그런 논쟁은 우리가 주목할 바가 아닙니다. 성경학자인 알렉 모티어(Alec Motyer)는 본문을 두고 이렇게 말했습니다.

"이 본문은 십자가에 달리신 분의 눈을 통해 보이는 십자가를 독특하게 전개하며 우리로 하여금 그리스도의 마음에 들어가게 해준다. 그러므로 우리는 실로 대단히 거룩한 땅을 밟고 있는 것이다. 우리는 이 특권이 우리의 호기심을 만족시키기 위하여서가 아니라 우리의 삶을 개혁시키기 위해 주어진다는 것을 기억하는 것이 좋을 것이다."[1]

이 본문은 삶의 개혁을 위한 말씀입니다. 앞서 바울은 2장 1-4절에서 다툼과 허영으로 분열된 빌립보교회 성도들에게 뜻을 합하여 한마음을 품으라고 명령했습니다. 그리고 이에 대한 구체적인 방법으로 겸손한 마음을 품고 자신보다 다른 사람을 먼저 생각하는 것을 제안했습니다. 이어서 그는 한마음을 품는 최고의 모범으로 예수 그리스도를 제시합니다. 여기에는 빌립보교회 성도들이 그리스도를 닮아가는 가운데 자신의 삶을 개혁했으면 하는 바울의 마음이 담겨 있습니다.

위대한 변화를 이룬 그리스도 예수의 마음

빌립보교회 공동체의 하나 됨을 위해 바울이 가장 먼저 제시한 것은 "그리스도 예수의 마음을 품으라"입니다. 개역개정성경은 이를 "너희 안에 이 마음을 품으라 곧 그리스도 예수의 마음이니"(빌 2:5)로 번역합니다. 이 권면은 교회 공동체뿐 아니라 개인이 거룩한 삶을 추구하는 데에도 정확한 해답을 제공합니다. 그리스도의 마음을 품는다면 우리는 극복하지 못할 것이 없습니다. 어떤 문제를 판단할 때에도 애매모호함이 사라집니다. 그리스도 예수의 마음을 품는 것은 모든 문제, 특히 다툼과 허영으로 관계에서 어려움을 겪을 때 최고의 답이 됩니다.

우리는 그리스도와 동일한 대속의 죽음, 대속의 고난을 당할 수 없습니다. 그러나 그리스도의 마음을 품음으로써 그분을 따를 수 있습니다. 랄프 마틴(Ralph P. Martin)은 본문의 이 까다로운 헬라어 문장을 다음과 같이 번역했습니다. "이 마음이 예수 그리스도 안에 있었던 것처럼 너희 안에도 있게 하라."[2] 바울은 1–4절에 기술한 권면의 내용을 5절에서 '이 마음'이라고 표현합니다. 그리고 6–9절을 통해 '이 마음'이 곧

'예수 그리스도 안에 있는 마음'이라고 말합니다.

성경이 제시하는 답을 의지하는가?

그러면 바울이 말하는 그리스도의 마음은 과연 무엇일까요? 우리는 6-9절에서 이 마음을 살펴볼 수 있습니다. 그런데 이것을 살피기에 앞서 한 가지 질문을 해봐야 합니다. 그것은 자신의 인생에서 어떤 문제를 판단하거나 결정하기가 어려울 때 또는 심한 감정 기복으로 혼란을 경험할 때, 복잡하게 꼬인 관계 속을 헤맬 때, 교회와 가정, 직장 생활 등에서 어려움을 겪을 때 그러한 문제를 해결하기 위해 즉각적으로 취하는 태도는 무엇인가 하는 것입니다. 자신이 처한 복잡한 상황에 대한 해답을 '어디에서 찾으려고 하느냐'입니다.

이 질문에 대한 답은 예수를 믿기 전과 후가 크게 다를 것입니다. 그 사이에 매우 중요한 변화가 있기 때문입니다. 이 질문을 통해 신자는 과연 하나님 중심의 신앙을 갖고 있는지, 하나님의 말씀을 따라 일상을 살고 있는지 확인할 수 있습니다. 박윤선 박사는 신자의 삶이 항상 계시에 의존하여 생각하는 삶이어야 한다고 말하면서 이를 '계시 의존 사색'이라고 했습니다. 신자라고 하더라도 삶의 어려움들 앞에서 '계시 의존 사색'을 하지 않으면 결국 예수를 믿기 전의 태도를 취하게 됩니다. 즉 자신의 경험이나 주변 사람들의 충고에 의존하고 혹은 기분 전환을 통해 자신의 복잡한 상황을 잊어버리려고 하는 것입니다.

그러나 빌립보서 2장 6-8절은 반드시 기억해야 하는 단 하나의 대답, 어느 것과도 비교할 수 있는 최고의 대답을 제시합니다. 바로 '그리스도의 마음을 품는 것'입니다. 바울은 이 마음을 개인뿐 아니라 공동체적 차원에서도 품어야 한다고 말합니다.

우리는 과연 개인적으로든 공동체적으로든 우리의 모든 삶 속에서 예수 그리스도를 바라보고 그분 안에서 해결책을 얻고 있는지 생각해 봐야 합니다. 그리스도께서 이루신 모든 것을 위로와 힘의 근거로 삼고, 그리스도께서 보이신 것을 따라 행함으로써 문제에 대한 답을 찾으려고 하는 것이 진실로 예수를 만난 사람에게 생긴 변화입니다.

히브리서 기자도 신자들에게 끝까지 신앙의 경주를 하는 가운데 예수 그리스도를 바라보자고 권면했습니다. 우리는 '그리스도께서 중요하게 여기셨던 것이 무엇인지, 어떤 원리를 품고 어떤 목표를 갖고 계셨는지, 어떤 입장에서 선택하고 행하셨는지' 등을 성경에서 살펴야 합니다. 그리고 발견한 것들을 우리 자신에게 적용해야 합니다. 특히 빌립보서 2장 6-8절 본문은 우리가 개개인의 영혼 문제뿐 아니라 교회 공동체 안에서의 문제를 바라볼 때 답으로 삼아야 할 그리스도의 마음이 무엇인지를 잘 제시해줍니다.

성육신, 그 안에 담긴 그리스도의 마음

어떤 사람들은 그리스도의 마음이 무엇인지 말해주는 빌립보서 2장

6-8절 내용을 너무 단순화해서 설명하기도 합니다. 6-7절은 자기희생, 8절은 순종의 마음을 가리킨다고 손쉽게 말하는 것입니다. 아주 틀린 건 아니지만 바울이 본문을 통해 전하고자 하는 그리스도 예수의 마음은 그처럼 단순한 분석으로 요약할 수 있는 그 무엇이 아닙니다.

다시 한 번 6-8절을 읽어보십시오. 무엇이 드러납니까? 우리는 이 말씀을 통해 그리스도의 마음이 실제로 그리스도에게 엄청난 변화를 가져왔다는 사실을 알게 됩니다. 곧 근본 하나님의 본체이시지만 하나님과 동등 됨을 취할 것으로 여기지 않고 오히려 자기를 비워 종의 형체를 가짐으로써 한없이 자신을 낮추고 죽기까지 복종하시는 엄청난 변화를 가져온 것입니다.

바로 이것이 우리가 품어야 할 마음입니다. 그 마음에 따라 그리스도께서는 큰 변화를 감당하셨습니다. 물론 우리는 그리스도께서 태초에 하나님과 함께 하늘에 계실 때 어떠한 상태와 조건 가운데 계셨는지 다 헤아릴 수 없습니다. 그러나 다 이해할 수 없을지라도 바울이 말하는 바를 되새겨봐야 합니다. 바울은 이 세상의 누구와도 비교할 수 없는 유일한 조건과 상태를 가지신, 그토록 영광스러운 그리스도께서 우리와 같이 되셨다고 말합니다. 그리고 그처럼 자신을 낮추신 마음을 우리도 일상에서 항상 품어야 한다고 말합니다.

하나님의 본체인 예수 그리스도께서는 기꺼이 자신을 낮추셨습니다. 결코 죽을 수 없는 분이 죽음으로 나가셨습니다. 그리고 그 모든 것을 우리를 위해 하셨습니다. 우리는 이 위대한 변화를 이루신 그리스도 예수의 마음을 생각해봐야 합니다.

우리 중에는 마음이 강직해서 한 번 결심하면 어떻게든 변화를 이뤄내는 사람이 더러 있습니다. 하지만 그러한 변화를 불러일으키는 마음의 중심에는 인생의 성공, 안위와 같은 이기적인 목적들이 있습니다. 그리스도와 같이 다른 사람을 위해 자신을 희생하고 낮추는 그런 마음이 아닌 것입니다.

빌립보서 2장 5절은 그리스도와 같은 마음이 인간 본성과는 배치되지만 그리스도 안에서 품을 수 있다는 점을 전제로 합니다. 예수를 믿는 신자로서 우리는 자신을 낮추신 예수 그리스도의 마음을 품을 수 있고 또 품어야 한다는 것입니다. 이것이 가능한 이유는 우리가 그리스도와 연합된 관계 속에 있기 때문입니다. 우리는 그분과 연합된 자로서 그분의 마음을 헤아리며 배우고 소유해야 합니다.

그리스도의 마음은 자발적인 것이었습니다. '자기를 비워', '자기를 낮추시고' 등의 표현은 이 사실을 명확하게 밝혀줍니다. 바울은 의도적으로 '자기'를 강조함으로써 자신을 낮추신 주님의 모든 행위가 '기꺼이 자발적으로' 이뤄진 것임을 나타냅니다. 우리가 품어야 할 그리스도의 마음은 이와 같이 자발적으로 자기를 비우고 낮춰 다른 사람들을 위하는 마음입니다. 생각과 감정의 차원에 머물지 않고 그리스도처럼 자발적으로 자신을 주는 실제적인 행실로 나아가는 마음입니다.

그런데 바울은 이 마음을 "너희 안에 품으라"고 말합니다. 여기에서 '너희 안에'라는 말은 1차적으로 '빌립보 성도들 안에'를 뜻합니다. 그는 다른 사람을 위해 자신을 내어주는 그리스도의 마음을 공동체 안에서 품으라고 권면합니다. 다툼과 허영, 교만으로 상처를 입었더라도 그것을 뛰어넘어 교회 공동체 안에서 이 마음을 드러내라는 것입니다.

그러면 누가 과연 이 마음을 품을 수 있겠습니까? 다시 말하지만 바로 그리스도와 연합한 자들입니다. 하늘 영광을 뒤로한 채 육신을 입고 이 땅에 오셔서 죽은 후 다시 살아나신 예수 그리스도의 몸 된 교회에 속한 자들, 그리스도와 연합하여 그분의 몸에 속하게 된 지체들만 그 마음을 품을 수 있습니다. 아무나 품을 수 있는 것이 아닙니다. 그리스도의 몸에 속한 이들은 설사 다툼과 허영, 원망과 시비 가운데 있었더라도 그 상태에 머물지 않고 돌이켜 그리스도의 마음을 품을 수 있습니다. 또 품어야 합니다.

그리스도께 속한 자로서 우리가 가져야 할 참 모습은 그리스도와 같이 자신을 비우고 낮추고 다른 사람을 돌봄으로써 하나 됨을 지키는 것입니다. 단순한 생각, 일시적인 감정과 말 정도에 그치지 않고 실제적인 행실과 변화로 나아가신 주님을 본받아 그분의 마음을 품고 그에 따라 기꺼이 행하는 것입니다. 그리스도의 마음을 알지 못하거나 알려고도 하지 않는 것은 그리스도의 몸에 속한 자의 모습이 아닙니다.

참된 신자의 표징 1_ 결국 회개한다

중요한 것은 그리스도와 같은 마음이 공동체의 관계 속에서 드러난다는 것입니다. 행실과 변화로 나타난다는 것입니다. 그리스도의 몸에 속한 지체라면 그리스도의 마음이 이처럼 풍성하게 드러나기를 바라고 구할 것입니다.

　그리스도의 몸에 속한 자는 그리스도 예수의 마음을 품으라는 바울의 권면을 거부하기가 더 힘들고 어렵습니다. 바울도 편지를 받을 빌립보교회 성도들이 자신의 말을 거역하고 고집을 부릴 것이라 생각하지 않았습니다. 오히려 자신의 말을 잘 알아듣고 기꺼이 그대로 행할 것이라 믿었습니다. 고린도교회에 보낸 편지도 마찬가지였습니다. 고린도교회 성도들 역시 바울이 보낸 편지를 받고 회개했습니다. 고린도후서를 보면 그들이 경건한 슬픔을 갖고 근심하며 회개했다는 것을 알 수 있습니다(고후 7:9). 그토록 문제가 많고 죄투성이인 고린도교회 성도들이었지만 바울은 그들이 그리스도께 속한 자들이기에 끝내 회개할 것을 믿고 있었습니다. 빌립보교회에 편지를 쓸 때도 마찬가지 심정이었습니다. 그리스도의 몸에 속한 신자는 머리 되신 그리스도의 말씀을 따르지 않는 것이 훨씬 어렵습니다.

　물론 참된 신자라도 미끄러지고 죄를 범할 수 있습니다. 그러나 거짓 신자와 달리 그 상태에서 결국 돌이킵니다. 그렇게 하지 않는 것이 오히려 더 어렵기 때문입니다. 베드로와 가룟 유다의 경우를 살펴보면 참된 신자와 거짓 신자의 차이를 더욱 명확히 알 수 있습니다.

　베드로는 예수님을 세 번이나 저주하고 부인했지만 결국 회개하여 주님께 돌이켰습니다. 하지만 가룟 유다는 자신의 잘못을 후회하는 데 그쳤습니다. 유다는 진정한 회개를 하는 것이 훨씬 더 어려웠던 반면 베드로는 죄 된 상태에서 돌이키지 않는 것이 더 힘들었던 것입니다. 이처럼 그리스도의 몸 된 교회에 속한 지체들은 회개하지 않는 것이 더 어렵습니다. 그들에게는 거룩한 영, 곧 성령 하나님이 함께하시기 때문입니다.

빌립보서에서 바울은 유오디아와 순두게라는 두 여인을 거론하면서 그들 사이에 벌어진 다툼을 해결하라고 명령합니다(빌 4:2). 이들이 빌립보교회의 다툼과 허영을 주도했는지는 확실하지 않지만 분명한 것은 이 두 사람이 다투었다는 것입니다. 그런 그들에게 바울은 "주 안에서 같은 마음을 품으라"고 말했습니다. 과연 두 사람은 바울의 권면을 받아들이고 한마음을 품었을까요? 저는 분명히 그리했으리라 생각합니다. 성경에서 이러한 권면이 기록되었을 때는 결과 또한 긍정적이었음이 역사적으로 거의 밝혀졌습니다. 아마도 이들 역시 화해하여 그리스도의 마음을 품고 서로를 대했을 것입니다.

우리도 유오디아와 순두게처럼 관계 속에서 어려움을 겪을 수 있습니다. 그런데 그것은 결코 개인의 문제가 아닙니다. 이는 그리스도의 몸이 하나 되는 것을 방해하는, 교회 차원의 문제입니다. 그에 대한 해결책은 오직 그리스도 예수의 마음을 품는 것뿐입니다. 문제를 가진 당사자들만 아니라 교회 전체가 그리스도의 마음을 갖고 그들을 품어야 합니다.

참된 신자의 표징 2_ 자신이 아닌 그리스도를 향한다

목회를 하는 동안 저는 교회 안에서 관계의 문제를 가진 사람들이 힘들어도 자기를 부인하며 하나님의 말씀에 따라 그 어려움을 극복하고 공동체 안에서 더욱 성숙해가는 경우를 종종 목격했습니다. 하지만 반대로 그 어려움을 끝내 해결하지 못한 채 뒤틀린 마음 상태에 머무르거나 결국 교회를 떠나버린 사람들도 봤습니다.

관계에서 생기는 어려움을 극복하지 못하는 이들에게 공통점이 있다면 그것은 '허영'입니다(빌 2:3). 앞서 말했듯 이 허영은 다툼의 주된 원인이 됩니다. 허영은 자기 본위적인 것으로, 더 쉬운 말로 '부인되지 않은 자아'라고 할 수 있습니다. 허영에 빠진 사람은 자기중심적으로 생각하고 자기에게만 몰입합니다. 결과적으로 이러한 허영은 관계 속에서 상대방에 대한 우월감 혹은 열등감으로 나타납니다.

심리학적인 분석을 하려는 것이 아닙니다. 다만 성경이 말하는 허영, 즉 부인되지 않은 자아가 겉으로 표출되면 관계가 뒤틀어지고 심지어 적대감이 드러나는 경우가 많다는 것입니다. 자기방어와 다툼이 빈번해집니다.

자기를 부인하지 않는 사람은 대개 다른 사람과 다툰 후 자기방어에 급급해하면서 자기를 지지하고 동조해줄 사람을 찾습니다. 당 짓는 일을 하는 것입니다. 이는 분명 성령께서 기뻐하시지 않는 일입니다.

지체 간 다툼이 있을 때 어느 한쪽을 지지하는 것은 결코 성령에 의한 역사가 아니라 광명의 천사, 사탄이나 하는 일입니다. 그렇게 행하는 자는 자신이 알든 모르든 간에 악한 영에게 이용당하고 있는 것입니다. 비록 바울과 같이 말씀으로 권면하는 것이 어려울 수 있지만 정말 그 지체를 사랑하고 위한다면 적절한 시기에 그리스도 예수의 마음을 품으라고 권면할 수 있어야 합니다. 그가 처한 문제를 함께 슬퍼하고 같이 우는 가운데 적절한 시기에 그리해야 합니다. 빌립보서 2장이 말하는 바와 같이 성령 하나님은 우리가 다툼과 허영을 넘어 그리스도의 마음을 품고 하나 됨을 이루기 원하십니다. 그리고 그리하도록 감화를 주십니다.

정녕 그리스도의 몸에 속한 자입니까? 그렇다면 성령의 인도를 따라 그리스도 예수의 마음을 품으십시오. 자기를 부인하고 지체들과 하나 됨을 이루기 위해 힘쓰십시오. 다툼의 원인이 되는 허영, 자기 본위의 자아에 이끌린 우월감과 열등감을 해결하는 유일한 방법은 그리스도 예수의 마음을 품는 것밖에 없습니다.

우월감과 열등감 모두 심히 악한 것입니다. 저는 심지어 같은 교회에서 신앙생활을 함께 하는 부부 간에도 신앙적 열등감 때문에 싸우는 것을 본 적이 있습니다. 형제 간도 예외가 아닙니다. 그것은 그들이 허영 가운데 신앙생활을 하고 있음을 보여주는 증거입니다.

시선을 자기 자신이 아닌 그리스도에게 향하십시오. 그리스도께서 나를 위해 무엇을 하셨는지 보십시오. 그분이 내게 보이신 그 마음을 생각해보십시오. 그리고 그 마음을 품으십시오. 그리스도 예수의 마음 앞에서는 어떤 우월감이나 열등감도 있을 수 없습니다. 우리는 머지않아 모두 주님 앞에 서게 됩니다. 각자 시간차가 있어도 결국 그렇게 될 것입니다. 그러나 그에 앞서 지금도 우리는 주님의 면전에 있습니다. 이 사실을 반드시 기억하십시오.

우리 중 누구도 뻣뻣하고 완고하게 신앙생활 하다가 주님 앞에 서고 싶은 사람은 없을 것입니다. 말씀에 따라 그리스도 예수의 마음을 품고 서로 하나 됨을 이루다가 주님 앞에 서는 자가 됩시다. 그러기 위해 오늘 하루도 바울의 이 명령에 어떻게 반응하고 있는지 우리 자신을 돌아봅시다.

주님은 생생히 살아서 지금까지 교회를 주장해오셨고 또 지금도 교회의 머리로 계십니다. 그 주님이 빌립보교회에 말씀하신 것처럼 오늘날 우리에게 말씀하십니다. "너희 안에 이 마음을 품으라 곧 그리스도 예수의 마음이니"(빌 2:5).

In your relationships
with one another,
have the same mindset
as Christ Jesus.

**너희 안에 이 마음을 품으라
곧 그리스도 예수의 마음이니
(빌 2:5).**

03

In your relationships with one another, have the same mindset as Christ Jesus.

그리스도의 마음 1
_ 존재 방식을 바꾸시다

: 그는 근본 하나님의 본체시나
하나님과 동등됨을 취할 것으로
여기지 아니하시고

너희 안에 이 마음을 품으라 곧 그리스도 예수의 마음이니
그는 근본 하나님의 본체시나
하나님과 동등됨을 취할 것으로 여기지 아니하시고
오히려 자기를 비워 종의 형체를 가지사
사람들과 같이 되셨고 사람의 모양으로 나타나사
자기를 낮추시고 죽기까지 복종하셨으니
곧 십자가에 죽으심이라
이러므로 하나님이 그를 지극히 높여
모든 이름 위에 뛰어난 이름을 주사
하늘에 있는 자들과 땅에 있는 자들과 땅 아래에 있는 자들로
모든 무릎을 예수의 이름에 꿇게 하시고
모든 입으로 예수 그리스도를 주라 시인하여
하나님 아버지께 영광을 돌리게 하셨느니라
(빌립보서 2:5-11).

빌립보서 2장 5절 이하의 본문을 살필 때 우리가 먼저 깊이 생각해 볼 내용이 두 가지 있습니다. 첫째는 육신을 입고 이 땅에 오신 예수 그리스도께서 본래 어떠한 분인지이고 둘째는 그러한 주님이 우리를 위해 취하신 변화가 어떤 것이었는지입니다.

첫째 내용과 관련해 바울은 그분을 가리켜 '근본 하나님의 본체'라고 말합니다. 대부분의 그리스도인들은 예수 그리스도께서 하나님의 아들이라는 지식이 있기 때문에 이러한 진술을 당연하게 생각할 수 있습니다. 그러나 우리는 여기에서 바울이 우리와 동일한 몸을 입고 팔레스타인 땅에서 한 여인의 아들로 태어나 자라신 예수 그리스도를 염두에 두고 있었음을 먼저 기억해야 합니다. 이는 하나님이 믿음을 주시지 않으면 이해하기 어려운 내용입니다. 지금도 불신자들은 예수님이 근본 하나님의 본체라는 성경의 증언을 받아들이지 못할뿐더러 이해하지도 못합니다.

하지만 성경은 육신을 입고 이 땅에 오신 예수 그리스도의 본래 상태가 어떠한지를 분명하게 말합니다. 신자 된 우리가 예수 그리스도의 마음을 품기 위해서는 그것을 먼저 알아야 하기 때문입니다. 여기에서 눈여겨볼 것은 바울이 예수님의 변화를 설명하기 위해 의도적으로 '예수님이 하나님이다'라고 하지 않고 '근본 하나님의 본체'라고 표현했다는 점입니다.

'본체'에 해당하는 헬라어 원문 단어는 성경 전체를 통틀어서 빌립보서 2장에서만 사용되는데 많은 논쟁을 야기할 정도로 그 해석이 쉽지 않습니다. 다만 성경 외의 용례까지 모두 감안할 때 이 표현은 일반적으로 '배후에 있는 어떤 실체를 확실하고도 완전하게 나타내는 형식'을 의미합니다. 바울은 이 표현을 통해 하나님의 가장 깊은 본질, 즉 하나님 자신을 가리키고자 한 것입니다. '본체'라는 단어는 2장 7절에서 '형체'로도 번역되는데 여기에서도 바울은 종의 실체, 본질적인 속성을 말하기 위해 동일한 표현을 사용합니다.

이러한 맥락에서 라이트풋(J. B. Lightfoot)은 7절에서 사용된 '종의 형체'라는 표현이 종의 본질적인 속성을 의미하듯이 '하나님의 본체' 또한 하나님의 본질적인 속성을 뜻한다고 말합니다. 즉 예수님이 하나님의 본체라는 말은 예수님이 곧 하나님이며 또한 하나님의 본성을 지니신다는 사실을 의미한다는 것입니다.[3] 우리와 같이 육신을 입고 유대 땅에 사셨던 예수님이 바로 이러한 분이었습니다.

하나님이 종으로

문제는 '본체'의 뜻을 아무리 설명해도 우리는 그리스도의 본래 상태가 어떠한지 알 수 없다는 것입니다. 누가 예수님의 본래 상태, 곧 하나님의 깊은 본성과 본질을 알 수 있겠습니까? 그럼에도 바울이 이 표현을 의도적으로 사용한 이유는 우리가 겸손한 마음으로 서로를 대하고 하나 됨을 이루는 데 있어 최고의 모범을 제시하기 위해서입니다. 또한 하나님이 우리를 위해 취하신 놀라운 변화를 설명하고자 한 것입니다.

예수 그리스도는 본래 하나님의 본체이므로 하나님 자신의 본성과 신격을 실제로 지니신 분입니다. 그분에게는 이것 외에 다른 존재 방법이 없었습니다. 하지만 놀랍게도 그리스도께서는 우리를 위해 위대한 변화를 스스로 취하셨습니다. 빌립보서 2장 6절 내용을 단순히 예수 그리스도의 선재성, 성육신의 배경에 대한 교리적 설명이라고 단순하게 생각할 수 없는 이유가 여기에 있습니다. 인간의 이성이 도저히 미치지 못할 만큼 엄청난 하나님의 속성과 자질, 신격을 지니신 그리스도께서는 우리를 위해 다른 존재 방식을 취하는 위대한 변화를 경험하셨고 또한 그러한 변화를 기꺼이 원하는 마음으로 하셨습니다. 우리는 이 사실을 먼저 염두에 두어야 합니다.

신격 외에는 다른 존재 방식을 갖지 않았던, 아니 생각조차 할 수 없었던 존귀한 분 그리스도께서 한갓 피조물의 존재 방식을 취하신 것은 세상 어디에서도 찾을 수 없는 유일하고 가장 위대한 변화였습니다. 그분은 죄로 인해 멸망할 수밖에 없는 우리를 구원하려고 기꺼이 이러한 변화를 원하셨습니다.

그리스도께서 자신의 영광스러운 본래 상태에서 얼마나 자기 자신을 낮추셨는지 우리는 도저히 측량할 수 없습니다. 피조 세계에는 이러한 변화를 측정할 수 있는 기준이 없습니다. 왕, 대통령, 군 최고 사령관, 최고 경영자, 세계적인 스타 등 아무리 높고 위대한 인물이라도 그리스도께서 본래 계셨던 상태와는 비교가 되지 못합니다. 또 그리스도의 본래 상태를 직접 본 사람도 없기에 그것을 증언할 사람도 없습니다. 그래서 우리는 그리스도께서 영광을 버리고 죄인들을 구원하기 위해 이 땅에 오셨다는 성경의 표현을 보면서도 좀처럼 감사하거나 감동하지 못합니다. 다만 그 변화가 얼마나 큰 것이었는지를 언급된 사실로 미뤄 짐작하고 상상할 뿐입니다.

그럼에도 우리는 그 영광스럽고 영원한 상태, 즉 자신의 존재 방법을 뒤로하고 우리를 위해 이 땅에 오신 그리스도 예수의 마음이 무엇인지를 알기 위해 그 변화가 얼마나 큰지를 계속 생각해봐야 합니다. 계속되는 성경의 진술은 우리에게 이 마음을 더욱 정확히 보도록 도와줍니다.

그리스도가 포기하신 특권

바울은 뒤이어 "그는 근본 하나님의 본체시나 하나님과 동등됨을 취할 것으로 여기지 아니하시고"(빌 2:6)라고 말합니다. 여기서 우리는 해석상의 또 다른 어려움에 직면하게 됩니다. 과연 "하나님과 동등됨을 취할 것으로 여기지 아니하"셨다는 것은 무슨 의미일까요?

이에 대해 로버트슨(A. T. Robertson)은 하나님의 본체는 하나님의 본성, 하나님과 동등됨은 하나님과의 관계와 연관되어 있다고 설명합니다. 다시 말해 그리스도께서 자신이 가진 하나님으로서의 본질적 속성을 포기하신 것이 아니라 성부 하나님과의 관계 속에서 어떠한 변화를 경험하셨다는 것입니다.[4]

그렇다면 이 관계의 변화는 무엇일까요? 이를 알기 위해 우리는 "취할 것으로 여기지 아니하시고"라는 표현을 먼저 해석해봐야 합니다. 이에 해당하는 헬라어 원문 역시 빌립보서 2장에서만 사용되었습니다. 이 단어와 같은 어원을 가진 단어들을 찾아보면 마태복음에서는 '탐욕', 히브리서 10장 34절에서는 '빼앗음'으로 번역되는 부정적인 의미의 단어들 정도만 발견됩니다. 이런 의미로 본문을 해석하면 마치 그리스도께서 이기적인 마음을 품고 탈취할 수 있는 어떠한 것을 취하지 않으셨다는 해석에 이르게 됩니다. 하지만 성자 하나님이 그런 마음을 품고 행하실 분도 아닐뿐더러 그런 일은 삼위 하나님 사이에서 결코 생길 수 없기에 이런 해석은 받아들이기가 어렵습니다.

"취할 것으로 여기지 아니하시고"라는 표현에 대해 다음과 같은 두 가지 설명이 존재합니다. 첫 번째 설명은 그리스도께서 하나님과 동등됨을 누리셨지만 사람이 되어 이를 '포기하셨다'는 것입니다. 또 다른 설명은 그리스도께서 얼마든지 하나님과 동등됨을 취할 수 있었지만 그렇게 하지 않으셨으며 도리어 육신을 입고 십자가를 짐으로써 하나님의 뜻을 '붙잡는 일을 행하셨다'고 보는 것입니다.[5]

그런데 바울이 이 서신을 통해 그리스도의 마음을 품으라고 계속 강조하고 있음을 감안한다면 첫 번째 해석에 따라 본문을 이해하는 것이 보다 바람직해 보입니다. 즉 이 본문은 그리스도께서 무엇인가를 포기함으로 자신을 낮추셨다는 것을 시사합니다. 하나님 아버지와의 동등한 관계 속에서 취할 수 있었던 특권을 포기하고 이 땅에 오셨다는 것입니다.

그렇다면 그리스도께서 포기하신 특권은 무엇일까요? 뮐러(Jac. J. Müller)는 그리스도께서 취하실 수 있었던 하나님과의 동등됨을 다음과 같이 말합니다. "그것은 하나님으로서의 존재 양식을 묘사하는데 즉 그의 거룩한 실존적 영광과 그의 계시의 장엄함, 그의 존재 양식의 위대함과 광채를 말한다."[6] 그의 말대로 그리스도께서는 하나님의 신격에 걸맞은, 고유한 영광과 독특한 품위를 소유하고 계셨습니다. 이 모든 것은 어느 누구에게도 침범받거나 제한될 수 없는 그리스도 고유의 것이었습니다. 하지만 하나님의 아들인 예수 그리스도께서는 이 고유한 자신의 영광, 곧 하나님의 특성을 우리를 위해 포기하셨습니다.

이러한 그리스도의 모습은 아담의 모습과 여러모로 대비됩니다. 아담은 하나님처럼 되고 싶어서 선악과를 먹었습니다. 그렇게 자신을 주장하며 하나님에게서 독립하고자 했습니다. 하지만 참 하나님이신 예수님은 아담과 정반대로 하나님과 함께 가졌던 자신의 영광을 포기하셨습니다. 우리의 구원을 위해 도저히 이해할 수 없는 엄청난 포기를 하신 것입니다.

우리는 그리스도께서 그토록 엄청난 포기를 하신 이유가 바로 우리 때문이었음을 주목해야 합니다. 그리스도의 위대하고도 비밀스러운 마음 그리고 그 마음에 따라 실제로 하나님과의 동등됨을 포기하셨던 행동 속에는 우리 죄인들을 향한 사랑과 긍휼이 담겨 있었습니다.

우리를 위한 기꺼운 선택

하나님의 아들인 예수 그리스도께서 붙잡기를 포기하신 하나님의 영광과 또한 그분이 하나님으로서 소유하셨던 수많은 속성들의 실체를 우리는 잘 알지 못합니다. 하지만 그것이 형언할 수 없을 만큼 엄청나다는 것은 알 수 있습니다. 또한 이러한 일을 행하신 그리스도의 마음과 행위 속에는 나와 같은 죄인이 들어 있다는 것을 깨닫습니다. 이로써 우리는 그리스도의 마음을 조금 더 깊이 이해할 수 있게 됩니다.

분명 본문을 해석하는 것은 매우 어렵습니다. 이는 수많은 신학자들에게도 마찬가지였습니다. 아무리 단어를 연구하고 문장을 해석해 봐도 "하나님과 동등됨을 취할 것으로 여기지 아니하시고"라는 내용의 실체가 무엇인지 도무지 알 수가 없습니다. 다만 우리는 조심스럽게 이런 질문들을 던질 뿐입니다. '하나님과 동등된다는 것의 실체는 무엇인가?', '하나님의 존재 방식은 무엇인가?', '영원부터 계신 하나님이 취하신 존재 방식의 영광스러움과 찬란함, 장엄함은 어떤 것일까?', '하나님의 영광 그리고 하나님으로서 소유하신 특성은 과연 무엇일까?'

하나님이 영원 전부터 갖고 계셨던, 그토록 경이롭고 신비로우며 영광스러운 존재 방식의 실체에 비한다면 모세나 이사야가 봤던 하나님의 영광과 임재는 일종의 외형이고 그림자에 불과합니다. 그들이 본 것은 본래의 웅장하고 장엄한 실체가 아니었습니다. 이처럼 실체가 아닌 외형과 그림자를 잠시 본 것뿐인데도 모세와 이사야는 마치 죽은 자와 같이 되었습니다. 그렇다면 하나님 영광의 진정한 실체는 정녕 어떠하겠습니까? 아니, 이 모든 의문을 뒤로하고 이 같은 하나님의 영광을 그리스도께서는 어떻게 기꺼이 포기하실 수 있었을까요?

이 모든 것을 우리는 다 헤아릴 수 없지만 중요한 것은 하나님의 아들께서 말씀대로 실제 행하셨다는 사실입니다. 그분은 자신을 비우고 한없이 낮춰 자기를 부인하는 길로 몸소 나아가셨습니다. 이것이 바로 그리스도의 마음입니다. 죄인인 우리를 위해 기꺼이 그렇게 행하신 주님의 마음을 생각할 때 우리는 참으로 놀라지 않을 수 없습니다.

그리스도께서 우리를 위해 자기를 낮추셨다

공동체 안에서 다툼과 허영으로 서로를 상하게 하고 하나 됨을 깨는 우리에게 바울은 이러한 주님의 마음을 품으라고 명령합니다. 영원한 하나님이 유한한 우리를 위해 자신을 내어주신 그 마음, 거룩한 하나님이 추악한 죄인에 불과한 우리를 위해 자신을 낮추신 그 마음, 영광스러운 하나님이 비천한 우리를 위해 기꺼이 자신을 낮추신 바로 그 마음을 품으라는 것입니다.

거룩하고 영원한 하나님이 비천한 죄인인 우리를 위해 자신을 낮추셨는데, 그토록 흠 많은 우리가 겸손한 마음으로 자신을 낮추며 다른 사람을 나보다 낫게 여기지 못할 이유가 어디 있겠습니까? 아무리 잘난 사람이라도 자기보다 뛰어난 사람을 만나게 마련입니다. 또 조금만 시간이 지나면 자신의 탁월함을 자랑할 수도 없고 드러낼 수도 없는 때가 옵니다. 우리는 결국 늙고 쇠합니다. 영원할 것만 같았던 우리의 기억은 뇌가 늙어감에 따라 점점 사라집니다. 또한 내면에서 죄 된 본성, 시기와 질투, 미움이 시시때때로 일어나는 것을 볼 때 도덕적인 측면에서도 남보다 나을 것이 없음을 깨닫게 됩니다.

실상이 이러한데 우리가 자신을 낮추지 못할 이유가 무엇입니까? 바울이 우리에게 그리스도의 마음을 품으라고 명령한 것도 이러한 이유에서입니다. 거룩하고 영광스러운 하나님이 우리를 위해 기꺼이 그분 자신을 낮춰주신 것을 떠올린다면 우리가 겸손한 마음으로 다른 사람을 나보다 낫게 여기지 못할 이유가 없습니다. 이 마음을 품는 것이 어렵다면 혹은 품고 싶지 않다면 그리스도께서 나를 위해 어떻게 행하셨는지 먼저 생각해보십시오. 그분이 포기하신 것이 무엇이었는지를 생각하십시오.

우리는 고작 몇 년, 길어야 몇 십 년 정도 밖에 누리지 못하는 지위와 인기, 사람들의 인정을 붙잡기 위해 악착같이 몸부림칩니다. 하지만 주님을 보십시오. 그분은 육신을 입고 그분에게는 없었던 전혀 다른 존재 속으로 들어오셨습니다. 그것도 그분 입장에서는 지극히 천한 형태의 존재 방식이었습니다. 자신의 영광스러움을 뒤로하고 우리와 같은 종의 형체를 취해 살기를 원하셨습니다.

우리가 그리스도의 몸 된 교회 공동체 안에서도 그리스도의 마음을 품지 못한다면 삶의 다른 영역에서는 더더욱 못할 것입니다. 우리는 그리스도께서 자신을 낮추신 사건을 정서적 측면에서만 공감해서는 안 됩니다. 그리스도처럼 실제적인 행동으로, 존재 방식의 변화로 나아가야 합니다. 그분의 마음을 본받아 다른 지체들을 위해 내 특권과 권리를 기꺼이 포기해야 합니다. 이로써 하나 됨을 지키는 자로 서야 하는 것입니다.

주님의 마음을 품고 서로를 대하며 섬길 때, 우리는 그리스도와 연합한 자의 복을 더욱 깊이 경험하게 될 것입니다. 하나님은 공동체 안에서 서로 교회 됨을 경험하도록 우리를 부르며 본문의 말씀을 함께 주셨습니다. 주님은 그분의 마음을 우리도 함께 품으며 교회를 세워가길 원하십니다. 주님의 뜻에 따라 말씀대로 행하는 자가 됩시다.

In your relationships
with one another,
have the same mindset
as Christ Jesus.

**너희 안에 이 마음을 품으라
곧 그리스도 예수의 마음이니
(빌 2:5).**

04

In your relationships with one another, have the same mindset as Christ Jesus.

그리스도의 마음 2
_ 자기를 비우시다

: 오히려 자기를 비워

너희 안에 이 마음을 품으라 곧 그리스도 예수의 마음이니
그는 근본 하나님의 본체시나
하나님과 동등됨을 취할 것으로 여기지 아니하시고
오히려 자기를 비워 종의 형체를 가지사
사람들과 같이 되셨고 사람의 모양으로 나타나사
자기를 낮추시고 죽기까지 복종하셨으니
곧 십자가에 죽으심이라
이러므로 하나님이 그를 지극히 높여
모든 이름 위에 뛰어난 이름을 주사
하늘에 있는 자들과 땅에 있는 자들과 땅 아래에 있는 자들로
모든 무릎을 예수의 이름에 꿇게 하시고
모든 입으로 예수 그리스도를 주라 시인하여
하나님 아버지께 영광을 돌리게 하셨느니라
(빌립보서 2:5-11).

근본 하나님의 본체인 그리스도께서는 하나님과 동등됨을 취할 것으로 여기지 아니하시고 오히려 하나님으로서의 특성과 특권을 포기하셨습니다. 이는 자신의 거룩한 영광, 위대함, 장엄함과 같은 그분의 신격에 걸맞은 특성과 독특한 품위를 포기하셨다는 것을 의미합니다. 하지만 우리는 성경이 말하는 이 실체를 정확히 알지 못하기 때문에 그리스도의 마음 그리고 그분이 취하신 변화가 얼마나 엄청난 것인지 다 헤아리지 못합니다. 다만 우리는 그리스도께서 자신을 낮추신 그 위대한 변화를 얼마나 기꺼워하셨는지를 그분이 이 땅에서 행하고 보이신 일들을 통해 분명히 알 수 있습니다.

맥클라우드(Donald Macleod)는 자신을 낮추신 그리스도에 대해 다음과 같이 말했습니다.

> "그리스도는 인정받고 존경받을 권리, 천사들의 수종을 받을 권리 그리고 가난과 고통과 비하에서 면제될 권리를 갖고 있었다. 만약 그에게 헛된 영광을 추구하려는 동기가 있었다면 그는 그와 같은 권리들을 주장했을 것이다. 그렇지만 그는 그런 권리들을 꼭 붙잡고 매달려야 할 대상(하르파그모스, ἁρπαγμὸς)으로 여기지 않았다. 그리스도는 종이 되어야 한다는 제안을 거절할 수도 있었을 것이다. 혹

은 보냄을 받는다는 데는 동의하지만 자기의 신적 품위에 어울리는 방식으로 보냄을 받아야 한다고 주장할 수도 있었다. 신분을 숨긴 채 오시기보다는 시내산 산정에 야훼 하나님이 임하셨을 때처럼(출 19:16 이하), 혹은 자신이 앞으로 언젠가 파루시아의 영광 가운데서 오시든지, 혹은 광야에서 시험하였던 자가 제안했던 것처럼 연약하지 않은 권세자로 이름을 날리고, 혹은 천사들의 수호를 받으시면서, 혹은 적어도 그가 성부 하나님으로부터 영예와 칭송을 받았던 변화산 산정에서 그가 잠깐이나마 누렸던 그 영광(벧후 1:17) 가운데서 자신에게 걸맞는 장식과 표시를 달고서 휘황찬란하게 오겠다고 주장할 수도 있었을 것이다. 그분은 이런 권리들을 모두 누릴 수 있었다. 그러나 하나님의 본체로 계신 그분은, 이러한 권리들을 주장하지 않으셨다."[7]

우리는 그러한 그리스도의 마음과 그에 따른 결정 속에 추악한 죄인인 우리가 들어가 있었음을 기억해야 합니다. 과거에 우리는 자신의 헛된 영광을 위하며 자기 자신만을 중요하게 여기던 사람들이었습니다. 또한 스스로를 대단하게 여기며 자신의 권리만 주장하고 다른 사람을 어렵게 만들던 자들이었습니다. 그토록 어리석고 추한 우리를 위해 그리스도께서는 자신을 비우셨습니다. 이 사실은 빌립보교회뿐만 아니라 예수를 믿는 우리 모두가 듣고 유념해야 할 말씀입니다.

'자기를 비우셨다'는 것의 의미

그리스도께서 자신을 비우셨다는 빌립보서 2장 7절의 진술은 그리스도께서 아버지와 동등됨을 붙들지 않으셨기 때문에 필연적으로 일어난 일입니다. 그런데 이 그리스도의 비우심이 과연 무엇인가 하는 질문 역시 교회 역사 가운데 수많은 논쟁을 야기했습니다. 어떤 사람들은 이 말이, 성자 하나님이 인간이 되셔서 자신의 신적 본질과 성품까지도 완전히 비우셨음을 의미한다는 극단적인 주장까지도 제기했습니다. 실제로 이 비우심을 7절과 연관시켜 그리스도께서 하나님의 본체까지도 비우셨다고 생각하는 사람들이 상당수 존재했습니다.

그러나 그리스도가 자신의 신적 본질을 비우셨다는 주장은 받아들이기 어려운 것입니다. 만일 그러셨다면 그리스도에게는 하나님으로서 갖고 있던 전지전능함, 편재함 등과 같은 신성이 없어지고 그분의 영원한 자의식 또한 사라졌다는 말이 됩니다. 그리고 그것은 곧 그분이 더 이상 하나님이 아니게 되었다는 의미입니다. 이것은 결코 성경이 말하는 바가 아닙니다.

본문이 말하는 비우심은 6절이 아닌 7절 뒷부분과 연관되어 있습니다. 바울은 7절에서 하나님의 본체를 비웠다고 말하지 않았습니다. 또한 성경 어디에도 그리스도께서 자신의 신적 본성을 포기하셨다는 증언을 찾을 수가 없습니다. 그리스도께서는 이 땅에서 항상 하나님의 아들로 계셨고 하나님의 아들이라는 의식을 분명히 갖고 사셨습니다.

바울은 7절의 '비우심'이라는 단어를 그의 다른 서신에서 4번 더 사용했습니다. 이 단어는 믿음, 십자가, 자랑 등을 언급할 때 사용되었는데 이 모든 용례는 다 비유적인 의미를 갖고 있습니다. 따라서 7절의 비우심 또한 하나님의 본질 자체를 비운다기보다 무언가 비우셨음을 비유적으로 의미한다고 보는 편이 더 타당합니다.

틸만(Frank Thielman)은 이 그리스도의 비우심을 '소유하고 있는 자질을 비웠다'기보다 그저 '중요하지 않은 것으로 여겼음'을 비유적으로 말한 것이라고 설명했습니다.[8] 로버트슨도 이 비우심의 성격을 다음과 같이 진술했습니다. "예수께서 자신의 신성(6절의 하나님의 본체)에 대해 자신을 비우지 않으셨다. 그러한 경우 성격상 그는 그렇게 할 수 없으셨다. 곧 자신이 아들인 사실을 변경시킬 수 있는 아들은 아무도 없다. 오직 자신의 신격에 대한 외적 명시인 자기 위엄의 표지에 대해서 자신을 비우셨다."[9]

우리는 이와 같은 입장에서 본문의 전후 문맥을 다루며 그리스도의 비우심을 살필 것입니다. 더 나아가 그리스도께서 하나님과 동등됨을 취할 것으로 여기지 아니하셨다는 말씀의 의미를, 그분이 어떤 방식으로 자신을 비우셨는지와 연결해 살피고자 합니다.

그리스도께서 '하나님으로서 갖고 있던 존재 양식'을 포기하셨다는 것은 그분이 영원 전부터 유지하고 있던 상태에 변화가 있었다는 것을 의미합니다. 우리가 주목할 것은 바로 이 변화입니다. 그렇다면 하나님과 동등됨을 가진 상태에서 자신을 비울 때 발생하게 되는 변화는 과연 무엇일까요? 그리고 여기에는 필연적으로 어떤 일이 뒤따르게 될까요?

먼저 염두에 둘 것은 그리스도께서 육신을 입고 오심으로써 영원한 존재 양식을 가진 상태에서 한없이 낮은 자리로 내려오셨다는 사실입니다. 우리는 그리스도의 자기 비움이 단순히 자존심을 누르거나 화를 참는 것, 손해를 감수하는 것 정도라고 여겨서는 안 됩니다. 그것은 영광스러운 지위에서 한없이 낮은 자리로 떨어지는 것을 말합니다. 바울은 이러한 자기 비움을 말하면서 그리스도의 마음을 품으라고 권면한 것입니다.

문제는 그리스도께서 취하신 이 엄청나고 위대한 변화의 실체와 상태를 우리의 능력으로 헤아릴 수 없다는 것입니다. 로버트슨도 레이니(Rainy)의 말을 인용하면서 "그리스도가 우리의 구원을 위하여서 하나님의 영원한 아들로서 자기를 비우셨다는 것은 우리로서 이해할 수 없고 말로 표현할 수 없는 실제를 내포한다"[10]고 했습니다. 그의 말대로 그리스도께서 자신을 비우셨다는 것은 우리의 생각과 표현을 훨씬 뛰어넘는 광대한 실재를 담고 있습니다. 저 또한 7절 말씀을 묵상하면서 어떤 답답함과 한계를 경험했습니다. 분명 본문이 말하는 무언가가 있는데 저는 그것을 제대로 또 충분히 헤아려 알 수도, 담아낼 수도, 말로 표현할 수도 없었기 때문입니다. 그것이 참으로 괴로웠습니다.

그럼에도 우리는 멈춰 서서 이 말씀이 말하는 바를 더 깊이, 더 많이 생각해봐야 합니다. 분명 이 말씀에 대한 깊은 묵상은 우리를 구원하러 오신 주님을 더욱 잘 알게 해주는 좋은 과정이 될 것입니다. 말씀을 깊이 묵상하지 않으면 우리는 얄팍하고 피상적인 수준의 앎에 머물고 말 것입니다.

그와 함께 우리는 그리스도께서 겪으신 이 엄청난 변화가 나를 위한 것이었음을 당연하게 여겨서는 안 됩니다. 그것은 전혀 당연한 것이 아닙니다. 누군가가 내게 "당연히 날 사랑하고 있는 거지? 그렇다면 마땅히 나를 위해 뭔가 해줘야 하지 않아?"라고 말한다면 어떻겠습니까? 이는 일반적인 인간관계뿐 아니라 부부 사이에서도 받아들이기 어려운 말입니다.

그리스도께서 겪으신 변화는 인간관계 속에서 찾아볼 수 있는 상대적인 비움과 낮춤 정도가 아니라 전례 없는 것이었습니다. 그리스도는 영원 전부터 하나님과 동등됨을 취하는 존재로 계셨지만 우리를 위해 자신을 비우고자 하셨습니다. 그리고 비움으로 인한 엄청난 변화를 그 시작부터 경험하셨습니다. 여기서 우리는 그리스도께서 얼마나 한없이 낮은 자리로 떨어지게 되셨는지를 깊이 생각해봐야 합니다. 그렇게 해야 바울의 교훈을 공감하고 그 말씀에 기꺼이 반응할 수 있습니다.

비우심에 따른 첫 번째 변화_ 입법자에서 피고인으로

이 장에서는 그리스도께서 자신을 어떻게 비우셨는지에 집중하기보다 그분께 어떠한 변화가 생겼는지를 먼저 살피도록 하겠습니다. 헨드릭슨(William Hendriksen)은 자기를 비우신 그리스도께 어떤 변화가 생겼는지를 4가지로 정리했습니다.

그중 가장 먼저 언급되는 것은 '그리스도께서 하나님의 율법에 대해 갖고 있던 유리한 관계가 사라졌다'는 것입니다. 그리스도는 본래 하나님의 아들이며 동시에 율법의 제정자이자 수여자입니다. 더구나 하늘에 계신 그리스도께는 아무런 죄가 없으므로 율법은 그분에게 필요하지 않을뿐더러 적용될 이유도 없었습니다.

  그런데 그리스도께서 자신을 비워 인성을 취하시자마자 그분이 율법에 대해 갖고 있던 유리한 관계는 깨졌습니다. 그러면서 그리스도께서 즉시 체감하신 것은 바로 죄의 짐이었습니다. 정확히는 그리스도께서 지으신 죄가 아니라 그리스도 안에서 구원 받을 자들이 지은 죄의 짐이었습니다. 이제 하나님의 아들인 예수 그리스도는 죄의 짐을 지고 율법의 판단을 받게 되었습니다. 그렇게 그리스도는 기존에 갖고 있던 율법과의 관계를 포기해야만 했습니다.

  우리 중에 과연 누가 하나님의 아들이 경험하신 이 변화를 이해할 수 있을까요? 입법부에 속한 국회의원이나 사법부에 속한 판사들도 자신의 죄가 법에 적용되는 것을 싫어합니다. 그건 이 세상 모든 사람들도 마찬가지입니다. 하물며 법의 제정자인 하나님의 아들에게 이런 일이 일어났습니다. 이러한 그리스도를 두고 세례 요한은 "보라 세상 죄를 지고 가는 하나님의 어린 양이로다"(요 1:29)라고 말했습니다. 그의 말대로 그리스도께서 인성을 취했을 때 경험하신 가장 끔찍한 변화는 죄를 알지도 못하는 분이 세상 죄를 지셨다는 것입니다. 이 변화에 대해 사도 바울은 "하나님이 죄를 알지도 못하신 이를 우리를 대신하여 죄로 삼으신 것"(고후 5:21)이라고 말합니다.

  우리 중에는 죄가 없는 상태를 경험한 사람이 없기 때문에 하나님의 아들이 겪으신 이 변화를 측량하기란 불가능합니다. 죄를 알지도 못하는 분이 죄의 짐을 지고 그 죄에 대한 율법의 판결을 받으신다는 것을 어찌 알 수 있겠습니까? 자신을 비움으로써 이러한 일을 기꺼이 하신 주님의 마음을 어찌 다 헤아릴 수 있겠습니까? 그럼에도 우리는 헤아리고자 노력해야 합니다. 그래야 조금이라도 주님의 마음을 품을 수 있습니다.

성경의 진리는 다른 사람을 겸손한 마음으로 대하지 않을 수 없는 충분한 이유와 근거를 우리에게 제공합니다. 영원하고 완전하며 거룩한 성자 하나님, 태초부터 성부 하나님과 함께하며 만물을 창조하신 그분께서 자신의 존재와 속성에 도저히 끼어들 수 없고 심지어 알지도 못했던 죄의 짐을 자기 비움으로 지셨습니다. 이 일이 얼마나 엄청난 것인지를 안다면, 또 그리스도께 이 일이 얼마나 힘든 일이었는지를 조금이라도 깨닫는다면 우리는 주님께 영광과 찬송과 감사를 영원토록 드리고 싶을 것입니다. 또한 바울이 빌립보교회에 권면한 것과 같이 기꺼이 겸손한 마음으로 다른 사람을 대하고 그리스도의 몸을 세우고자 할 것입니다.

비우심에 따른 두 번째 변화_ 부요함에서 가난함으로

그리스도께서 자신을 비우고 겪게 된 변화는 '자신의 부요한 상태를 포기하셨다'는 것입니다. 바울은 이에 대해서 다음과 같이 말합니다.

"부요하신 이로서 너희를 위하여 가난하게 되심은 그의 가난함으로 말미암아 너희를 부요하게 하려 하심이라"(고후 8:9). 그리스도는 하나님의 아들로서 모든 것에 풍족하셨고 넘치는 사랑 속에서 만족과 기쁨을 충만하게 누리셨습니다. 물질세계를 창조하신 그분에게 물질적 부요함은 아무것도 아니었습니다. 그리스도는 스스로 모든 것을 충족하시는 분이었습니다.

반면 우리는 물질뿐만 아니라 모든 면에서 결핍을 갖고 이 세상을 살아갑니다. 따라서 그리스도께서 누리셨던, 결핍이 전혀 없는 부요한 상태를 알지 못합니다. 우리 인간은 본래 결핍의 조건에서 태어나며 설사 물질적으로 풍족해지더라도 완전한 만족과 기쁨을 느끼지 못합니다. 언제나 결핍이 안고 살아갑니다. 게다가 자신의 소유를 조금이라도 상실하게 되면 그것을 견디지 못합니다.

그런 우리와 달리 그리스도는 결핍 자체를 모르시는 분이었습니다. 그분은 영원 전부터 완전히 부요하고 스스로 충만한 상태 가운데 계셨습니다. 그 어떤 것에도 결핍이 전혀 없었습니다. 그런데 이러한 하나님의 아들이 자기를 비우며 자신이 가진 부요함을 포기하셨습니다. 더 놀라운 것은 앞선 바울의 증언대로 이 부요함을 포기하신 이유가 우리를 위해, 즉 우리에게 영생과 참된 부요함을 영원토록 주시기 위해서였다는 것입니다.

헨드릭슨은 그리스도께서 우리를 위해 가난하게 되신 일을 다음과 같이 설명했습니다. "그분은 모든 것, 곧 자기 자신과 생명까지도 포기하셨다. 그는 그처럼 가난하게 되었으므로 끊임없이 남에게 빌리는 생활을 하셨다. 그는 그가 태어나신 곳과 주무실 집과 설교하기 위한 배와 타실 짐승과 최후의 만찬을 베풀 다락방, 그리고 마침내 장사될 무덤까지도 빌리셨다."[11]

모든 것에 결핍 없이 부요하신 그리스도께서 이토록 자신을 비움으로써 어떤 변화를 경험하셨는지 조금이라도 알게 된다면 우리는 이 그리스도의 마음을 탁월한 박애 정신 정도로 치부할 수 없을 것입니다. "예수라는 한 인간이 다른 이들을 위해 매우 희생적인 삶을 살았다"고 간단히 말할 수 없다는 것입니다. 그리스도의 자기 비움은 고작 그 정도만을 말하지 않습니다. 모든 것을 창조하신 창조주 하나님은 자기 자신, 곧 자신의 생명까지 우리에게 내어주셨습니다. 그리고 헨드릭슨의 말처럼 피조물에 불과한 우리 인간에게, 필요한 것을 빌려야 할 정도로 가난하게 되셨습니다.

예수 그리스도께서는 우리를 위해 자신의 부요함을 기꺼이 포기하셨습니다. 현재 우리가 그리스도 안에서 갖고 누리는 모든 부요함 그리고 앞으로도 영원토록 누리게 될 부요함은 자신의 부요함을 포기하신 그리스도로 말미암습니다.

비우심에 따른 세 번째 변화_ 아버지와 누리셨던 영광을 포기하다

그리스도께서 자신을 비움으로써 생긴 세 번째 변화는 '가지고 있던 영화로움을 포기하셨다'는 것입니다. 그리스도께서 자신의 영화를 포기하셨다는 것은 무엇을 의미할까요? 그와 관련해 그리스도께서 십자가에 달리기 전 하나님을 향해 기도하셨던 내용을 살펴봅시다. "아버지여 창세 전에 내가 아버지와 함께 가졌던 영화로써 지금도 아버지와 함께 나를 영화롭게 하옵소서"(요 17:5). 군병들에게 잡히기 전 주님은 아버지와 함께 가졌던 영화를 기억하셨습니다. 분명히 이 영화는 그리스도께서 성부 하나님과 동등한 관계 속에 있을 때 갖고 있던 영화입니다.

주님은 자기를 비워 육신을 입은 상태에서도 이 영화를 기억했고 그것을 다시 얻기 바라셨습니다. 이 땅에 있으면서도 주님은 성부 하나님과 함께 가졌던 영화를 자기 존재에 걸맞은 마땅한 것으로 여기셨습니다. 실로 이 영화는 그리스도께서 변함없이 마땅하게 소유하고 누리실 수 있는 것이었습니다. 다만 자기를 비워 육신을 입었을 때 누리지 못하셨을 뿐입니다.

우리는 성자 하나님의 신격에 걸맞은 그 영화가 무엇인지 정확히 알지 못하지만 그리스도께서 아버지와 함께 가졌던, 그 헤아릴 수 없는 영화를 포기하셨다는 사실만큼은 분명히 알게 됩니다. 이것이 중요합니다.

그분은 우리 죄인들을 위해 그런 영화를 포기하셨습니다. 우리를 위해 자신의 영화로움을 기꺼이 포기하신 그리스도의 마음을 볼 수 있습니까? 바울이 우리에게 품으라고 명령했던 것은 바로 이러한 그리스도의 마음이었습니다.

비우심에 따른 네 번째 변화_ 독자적인 결정권을 포기하셨다

마지막으로 그리스도의 자기 비움으로 생긴 변화는 '독자적인 직권 행사를 포기하셨다'는 것입니다. 히브리서 기자는 "그가 아들이시면서도 받으신 고난으로 순종함을 배워서"(히 5:8)라고 진술합니다. 그리스도는 하나님과 동등한 존재로서 어떤 일이든 스스로 행하실 수 있는 분입니다. 그런데 자신을 비워 인성을 취함으로써 더 이상 '스스로 일 행하기'를 포기하셨습니다. 그리고 대신 고난으로 순종을 배우면서 하나님의 뜻대로 행하고자 하셨습니다.

요한복음에서 예수님이 "내 뜻을 행하려 함이 아니요 나를 보내신 이의 뜻을 행하려 함이니라"(요 6:38)고 거듭 말씀한 것은 그냥 하신 것이 아닙니다. 이는 우리를 구원하고자 자기를 비움으로써 그분에게 생겼던 변화에 따른 삶이자 태도였습니다. 만물의 주권자께서는 인성을 취하면서 스스로 행하기를 포기하고 오직 아버지의 뜻대로 행하셨습니다. 이는 스스로 아무것도 행할 능력이 없는 사람이 다른 사람의 뜻대로 행하는 것과 완전히 다른 것입니다.

혹자는 그리스도께서 이처럼 자신을 비워 많은 것을 포기하셨는데 어떻게 여전히 하나님으로 계실 수 있냐고 의문을 품을지 모르겠습니다. 그러나 성경은 "예수 그리스도는 어제나 오늘이나 영원토록 동일하시니라"(히 13:8)고 말합니다. 그리스도는 영원토록 하나님의 아들일 뿐 아니라 인성을 입었을 때에도 여전히 자신의 신성을 갖고 계셨습니다. 다만 자신이 취한 인성 속에서 앞서 말한 것들을 포기하셨을 뿐입니다. 칼뱅도 이러한 취지를 갖고 다음과 같이 설명했습니다. "진실로 그리스도는 신성을 벗으실 수 없었다. 하지만 그 신성을 한동안 감춘 채 유지하여 육체의 연약함 아래서 비추어지지 않도록 할 수 있었다. 그분은 자신의 영광을 감소시키지 않고 단지 그 영광을 감춤으로써 사람들의 눈에서 자신의 영광을 떼어버리셨다."[12]

자기 유익과 권리를 주장하는 데 익숙한 이들에게

지금까지 우리는 헨드릭슨이 성경을 통해 제시한 네 가지 내용을 통해 그리스도의 자기 비움으로 인해 생겨난 변화를 살펴봤습니다. 물론 앞서 언급한 것처럼 우리는 성자 하나님의 자기 비움을 이해하는 데 여전히 한계를 갖고 있습니다. 한 가지 우리가 알 수 있는 분명한 사실은 성자 하나님이 자신을 비움으로써 그토록 큰 변화를 겪으신 이유는 결국 우리 때문이었다는 것입니다. 도저히 헤아릴 수 없을 정도로 영광스러운 조건에 계셨던 그리스도께서는 우리를 위해 그러한 변화를 기꺼이 원하셨습니다. 율법 아래 놓여 죄의 짐을 짊어지는 자리로까지 우리를 위해 기꺼이 나아가셨습니다.

예수 그리스도를 안다는 것은 성경이 말하는 그리스도의 자기 비움이 무엇인지를 깊이 헤아리고 그 말씀에 반응하는 것입니다. 그저 습관적으로 교회를 오고가고 성경 지식을 쌓고 남들보다 좀 더 도덕적으로 사는 것만으로 예수를 아는 신자의 삶이라고 생각해서는 안 됩니다.

우리는 '나 같은 죄인'은 위해 자기 자신을 비우신 그리스도를 알아야 합니다. 그리고 그분의 마음을 헤아려 알며 품을 수 있도록 힘써야 합니다.

끊임없이 자기에게 집착하고, 상대를 판단하거나 무시하며, 허영으로 상대를 대하다가 다툼을 일삼고, 관계마저 끊어버리는 사람은 그리스도의 마음을 제대로 알지 못하는 것입니다. 영원 전부터 소유했던 영광과 부요함을 기꺼이 버리신 그리스도, 순종을 배울 필요가 없었지만 고난 가운데 겸손히 순종을 배우고 자기 권리를 포기하신 그 예수 그리스도의 마음을 우리 또한 품어야 합니다.

예수를 믿는다고 하면서도 다른 사람에게 겸손한 마음으로 행하는 것이 여전히 어렵습니까? 멸망할 수밖에 없던 우리를 위해 주님이 하신 일을 보십시오. 주님은 우리를 위해 자신을 비워 구원 사역을 행하셨는데 그 일을 '매우 구체적으로' 하셨습니다. 아무런 고통도 느끼지 않고 쉽게 그 과정을 지나가신 게 아닙니다. 그분은 하나님으로서 가졌던 영원한 존재 양식을 포기하셨고 그에 따른 변화도 기꺼이 감내하셨습니다. 그 변화는 실로 어마어마한 것이었습니다. 무한한 하나님이 유한한 시공간 속에 들어와 스스로 제한을 받고 죄의 짐을 짊어지며 모든 변화를 경험하셨습니다. 그것도 우리를 위해서 말입니다.

자기 유익과 권리를 주장하는 데 워낙 익숙해져 있는 우리에게는 한마음, 한 뜻, 한 사랑으로 행하는 것이 자연스럽지 않을 수 있습니다. 그러나 바울이 말해준 그리스도 예수의 마음을 조금이라도 헤아려 알고 품기 위해 노력해야 합니다. 부요함과 영광을 뒤로하고 우리를 위해 자신을 비우신 그분의 마음을 기억하며 서로를 대합시다. 그리하여 그리스도의 한 몸을 이뤄가는 교회를 세웁시다. 그것이 교회의 교회다움이요, 교회가 세상에 비춰야 할 빛입니다.

05

In your relationships with one another, have the same mindset as Christ Jesus.

그리스도의 마음 3
_ 종의 형체를 취하시다

: 종의 형체를 가지사

너희 안에 이 마음을 품으라 곧 그리스도 예수의 마음이니
그는 근본 하나님의 본체시나
하나님과 동등됨을 취할 것으로 여기지 아니하시고
오히려 자기를 비워 **종의 형체를 가지사**
사람들과 같이 되셨고 사람의 모양으로 나타나사
자기를 낮추시고 죽기까지 복종하셨으니
곧 십자가에 죽으심이라
이러므로 하나님이 그를 지극히 높여
모든 이름 위에 뛰어난 이름을 주사
하늘에 있는 자들과 땅에 있는 자들과 땅 아래에 있는 자들로
모든 무릎을 예수의 이름에 꿇게 하시고
모든 입으로 예수 그리스도를 주라 시인하여
하나님 아버지께 영광을 돌리게 하셨느니라
(빌립보서 2:5-11).

우리는 하나님과 동등됨을 가진 그리스도께서 자신을 비우신 일이 얼마나 엄청난 것이었는지를 바울의 진술을 통해 계속 살피고 있습니다. 그리스도의 자기 비움에 대해 바울이 가장 먼저 언급한 것은 "종의 형체를 가지"셨다는 것인데 이번 장에서는 그 의미를 중점적으로 살펴보겠습니다.

'종의 형체를 가지셨다'는 말은 '종의 형체를 취하셨다'라고도 번역이 가능합니다. 그런데 이 말을 이해하기 위해서는 '형체'라는 단어를 먼저 살펴봐야 합니다. 헬라어 원문에는 동일한 단어로 나오지만 한글 성경에는 6절에 '본체'로, 7절에는 '형체'로 번역되어 있습니다. 앞서 살펴봤듯이 6절의 '본체'는 어떠한 대상의 본질적 속성을 가리키는 말입니다. 그러므로 7절의 '형체' 또한 같은 의미로 사용되어 여기서는 종의 본질적인 속성을 말한다고 할 수 있습니다.

이처럼 하나님의 아들인 그리스도께서 종의 형체를 가지셨다는 말은 그분이 실제로 종의 속성을 취하셨다는 것을 의미합니다. 그리스도의 자기 비움으로 엄청난 신분의 변화가 일어난 것입니다. 지극히 영광스러운 하나님의 아들이 종의 신분으로 변한 것은 우리가 도저히 측량할 수도, 상상할 수도 없는 놀라운 일입니다.

일반적으로 우리가 아는 신분 변화는 경제적 혹은 사회적인 지위의 상승이나 하강 정도입니다. 예를 들어 직장에서 진급하거나 강등되는 것이지요. 대부분의 사람들은 신분 하락의 경험을 매우 싫어하고 힘들어합니다. 단순히 자존심 상하는 정도가 아니라 죽고 싶어 할 만큼 고통스러워합니다.

하지만 그리스도께 생긴 신분의 변화는 고작 그런 정도가 아닙니다. 근본 하나님의 본체, 곧 만물을 창조하고 통치하시는 하나님이 친히 종의 형체를 취하셨습니다. 영원 전부터 스스로 계시며 지극히 영광스럽고 부요한 존재 양식을 지닌 하나님의 아들이 그 모든 것을 뒤로하고 종의 속성을 취해 사람들의 종이 되신 것은 온 우주와 전 역사를 통틀어 도저히 찾아볼 수 없는 일입니다.

헨드릭슨은 이에 대해 "사실 이것은 깜짝 놀랄 소식이다. 만물을 지배하는 그분이 모든 사람의 종이 되신 것이다"고 말했습니다.

그리스도께서 취하신 이 신분의 변화를 그렇게 깜짝 놀랄 만한 소식으로 여기고 있습니까? 지금 살피고 있는 이 말씀이 인류의 전 역사를 통틀어 가장 놀랄 만한 소식이라는 것을 실제로 알고 있습니까? 진정 본문은 역사상 가장 놀라운 소식을 말하고 있습니다.

여전히 하나님인 인간 예수

여기서 우리가 기억할 것은 그리스도께서 종의 형체를 가지셨다고 해서 하나님의 본체를 포기하거나 혹은 상실하신 건 아니라는 사실입니다. 어떤 이들은 "그리스도께서 하나님의 본체를 종의 본체로 바꾸셨다"라고도 하는데 본문은 그렇게 말하고 있지 않습니다. 탁월한 개혁주의 신학자인 헤르만 바빙크(Herman Bavinck)는 "자기를 비우셨다는 것은 하나님의 본체를 종의 형체로, 신적 존재 양식을 인간적 존재 양식으로 바꾸는 것이다"[13]라고 했는데 이는 오해를 불러일으킬 수 있는 표현입니다(국내에 출간된 바빙크 저서에는 하나님의 형체를 하나님의 형상으로 번역했다-저자 주).

본문은 하나님의 본체를 종의 형체로 '바꿨다'고 말하지 않고 '가졌다' 또는 '취했다'라고 말합니다. 그리스도께서 종의 형체를 취함으로써 자신의 존재 방식에 변화를 가지신 것은 사실이지만 바꾸신 것은 아닙니다. 그리스도께서는 자신의 존재 양식을 바꾸신 적이 없습니다. 그분은 여전히 하나님의 본체를 유지하는 가운데 자기를 비워 종의 형체를 취하셨습니다.

이에 대해 칼뱅은 "하나님의 아들인 그분은 실제로 아버지와 동일하시며 자신의 영광을 제한하지 않고 종의 모양으로 육체 가운데 자신을 드러내셨다"고 설명했습니다. 예수 그리스도는 인성을 취하셨지만 신성을 가진 하나님의 아들로 여전히 계셨습니다. 그래서 그분이 종의 형체를 가지셨다는 사실이 더 놀라운 신비로 다가오는 것입니다. 하나님의 본체를 유지한 채 종의 형체를 가지셨기 때문입니다.

로버트슨은 하나님의 아들이 종의 형체, 곧 종의 실제 속성을 취하셨다는 것이 하나님의 본질적 속성을 유지하면서도 하나님으로서의 외관을 잃고 실제로 인류의 종이 되신 것을 의미한다고 말했습니다.

여기서 하나님의 외관을 잃었다는 것은 그리스도께서 본래 가지신 하나님의 본체가 감춰졌음을 말합니다. 만유의 주인이자 통치자의 실제 모습을 겉으로 드러내지 않으셨다는 것입니다. 진실로 그리스도는 하나님의 아들이었지만 이처럼 자신의 본체를 감춘 상태로 인성을 취해 세상 모든 사람들의 종이 되셨습니다.

하나님이 인간의 짐을 지셨다

그런데 종의 형체를 취하셨다는 것은 단순히 인간의 형체를 취하셨다는 것만을 의미하지 않습니다. 이 말씀은 하나님의 아들이 당시 사람들이 생각하는 종의 속성을 실제로 취해 온 인류의 종이 되셨다는 것까지도 의미합니다. 이는 심히 놀라운 사실입니다.

여기서 하나님의 아들이 취하신 종의 형체는 무엇을 의미하는 것일까요? 우리는 그리스도께서 온 인류를 위한 종으로 오셨다는 점에 착안해 이사야서에 언급된 여호와의 종이라는 개념을 갖고 이를 생각해 볼 수도 있습니다.

그러나 바울은 그가 살던 시대의 노예들이 가진 특성을 우선적으로 생각하며 빌립보교회에 편지를 쓴 것으로 보입니다. 그는 빌립보교회 성도들의 머릿속에도 동일하게 들어 있던 당시 노예의 속성을 바탕으로 본문을 기록했을 것입니다.

바울이 살던 시대의 노예는 기본적인 인권도 없이 주인에게 종속된 존재였습니다. 따라서 그리스도께서 그러한 종의 형체를 취하셨다는 것은 하나님으로서 가진 권리를 포기함으로써 율법 아래 순종하셨고 더 나아가 자신에게 맡겨진 일을 짊어진 종이 되셨다는 것을 의미합니다. 하나님이었음에도 그리스도는 이와 같은 종의 형체를 실체로 취해 자신에게 맡겨진 짐을 일체 거부하지 않고 짊어지셨습니다.

그리스도께서 취하신 종의 속성에 대해 맥클라우드는 다음과 같이 말했습니다. "여기 종이라는 단어는 중요하다. 그리스도는 성부와 전적으로 새로운 관계 속으로 들어가셨다. 영원부터 그는 한 아들이셨다. 그러나 이제 그는 율법 아래에서 순종해야 하며, 자신에게 맡겨진 일을 짊어진 종이 되었다(요 17:4).

또 만일 그가 순종을 망설이고 주저한다면 자신에게뿐만 아니라 그와 연결된 모든 자들에게 가장 끔찍한 결과가 임할 것이라는 위협을 받았다. 그는 아무런 권한도 가지지 않은 채 노예가 되었다. 그는 그를 십자가에 못 박는 자들을 향해 "내가 누군 줄 아느냐"라고 말할 수도 없었던 하찮은 자가 되었다."[14]

얼마나 놀랍고 충격적인 사실입니까? 이 모든 것을 주님은 우리를 위해 기꺼이 원하셨습니다. 우리는 여기서도 우리를 향한 그리스도의 마음을 다시금 엿보게 됩니다.

하지만 그리스도께서 취하신 종의 속성은 바울 시대의 노예들이 지닌 속성만을 말하는 것은 아니었습니다. 우리는 그리스도에게서 또 다른 종의 모습을 발견하게 됩니다. 바로 이사야서에 나온 여호와의 종의 모습입니다. 종의 형체를 가지신 하나님의 아들 예수 그리스도는 여호와의 종으로서의 속성 또한 갖고 계셨습니다.

일반적인 노예와는 달리, 여호와의 종은 자신에게 맡겨진 임무를 자발적으로 수행합니다. 그리스도는 바울 시대의 노예들처럼 아무런 권한을 갖지 못했지만 그들과 달리 자신에게 맡겨진 임무를 기꺼운 마음으로 행하셨습니다.

심지어 영적인 기쁨을 갖고 맡겨진 일들을 감당하셨습니다. 육신의 몸을 입은 순간부터 종의 신분을 벗고 영광스럽게 될 때까지 그리스도는 자신의 수많은 권리들을 포기하고 우리의 구원을 위해 종의 모습으로 자신에게 맡겨진 임무를 그토록 충실하게 수행하셨던 것입니다.

더 나아가 "나는 섬기는 자로 너희 중에 있노라"(눅 22:27)고 말씀하신 것처럼 그리스도는 자신이 사람을 섬기는 종이라는 의식을 항상 갖고 계셨습니다. 제자들이 서로 누가 크냐며 다투었을 때에도 만왕의 왕이신 그리스도는 "나는 섬기는 자로 너희 중에 있다"고 말씀하셨습니다.

여전히 하나님으로서의 자의식을 갖고 있었지만 그분은 자신이 취한 종의 형체로서의 마음을 다시금 드러내신 것입니다. 주님의 이 말씀은 비단 제자들뿐만 아니라 그들과 같이 자기밖에 모르는 이기적인 우리에게 하신 말씀이기도 합니다.

또한 주님은 "인자가 온 것은 섬김을 받으려 함이 아니라 도리어 섬기려 하고 자기 목숨을 많은 사람의 대속물로 주려 함이니라"(막 10:45)고 말씀하셨습니다. 이 말씀을 본문의 표현을 사용해 다시 말하면 "내가 종의 형체를 취한 것은 섬김을 받으려고 하는 것이 아니라 도리어 섬기려 하고 자기 목숨을 많은 사람의 대속물로 주려 함이니라"고 할 수 있습니다.

이와 같이 주님은 억지로 겨우겨우 끌려가듯 종의 임무를 수행하지 않으셨습니다. 우리를 위해 기꺼이 종의 형체를 취하셨습니다. 자신에게 주어진 임무, 곧 우리와 같은 죄인들을 구속하기 위해 자기의 목숨을 대속물로 드리는 일까지도 자원하는 마음으로 수행하신 것입니다.

이토록 기꺼이 우리를 섬기시는 주님의 마음은 제자들의 더럽혀진 발을 씻기시는 모습 속에서도 잘 드러납니다. 세족식은 오늘날 믿지 않는 사람들에게도 섬김과 선행의 상징적인 행위로 여겨지고 있지만 주님은 단순히 이러한 인간적인 선행 차원에서 제자들의 발을 직접 씻기신 것이 아닙니다. 이는 그리스도께서 자신이 취한 종의 속성에 매우 충실하셨다는 것을 우리에게 보여주는 또 하나의 놀라운 사건이었습니다.

만인의 주께서 만인의 종으로

영광의 주이지만 기꺼이 자기를 비워 종의 형체를 취하신 이 예수 그리스도를 보십시오. 이 세상의 어느 누가 이분보다 자신을 낮춰 다른 이들을 섬기겠습니까? 심지어 주님은 뭔가 보상을 바라신 것도, 내키지 않는데 억지로 하신 것도 아니었습니다. 바울은 이 영광스러운 주님이 우리를 위해 하신 일을 다시 한 번 강조합니다. 그리고 우리 또한 그분의 마음을 본받아야 한다고 말합니다.

주님은 종의 형체를 취한 순간부터 죽음으로 자신의 임무를 다 마칠 때까지 시종일관 종의 속성을 보이셨습니다. 그렇게 주님은 자신을 내어주며 우리를 기꺼이 섬겨주셨습니다. 그분은 자신에게 도저히 어울리지 않는 낮은 신분에 처해 있으면서도 자원하는 마음으로 기꺼이 하나님의 말씀에 순종하셨습니다. 아무런 불평도 하지 않고 자기 목숨을 내어주기까지 맡겨진 임무를 종으로서 끝까지 수행하셨습니다. 일반적인 노예와는 완전히 다른, 그야말로 여호와의 종으로서의 모습을 보여주신 것입니다.

로버트슨은 "만인의 주께서 만인의 노예가 되셨도다"고 고백했습니다. 그의 고백과 같이 가장 존귀한 영광의 주께서는 가장 비천한 종의 형체를 취하셨습니다. 그분은 섬기는 자의 신분으로 사역을 시작하셨고 동일하게 섬기는 자의 신분으로 자신의 사역을 마치셨습니다. 끝내 십자가에 달려 죽음으로 그리하셨던 것입니다.

마치 모세가 떨기나무 앞에 서서 하나님의 어떠하심을 경험한 것처럼, 우리도 이 거룩한 하나님의 말씀 앞에 서서 이와 같이 종의 형체를 취하신 그리스도의 마음을 조금이나마 엿봤습니다. 우리는 지금 빌립보서 2장의 말씀을 통해 그리스도 예수의 마음을 들여다보는 거룩한 땅에 서 있는 것입니다. 그리고 이 땅에서 우리를 위해 기꺼이 종의 형체를 취하고 섬기신 그리스도의 모습을 살펴봤습니다.

여기 종의 형체를 취하신 영광의 주님을 보십시오. 이 땅에 나서 죽을 때까지 시종일관 우리를 위해 종의 형체를 취하신 주님의 마음을 보십시오. 성령 하나님은 지금도 우리에게 이 그리스도의 마음을 함께 품으라고 권면하시며 그 마음을 품을 수 있도록 우리를 도우십니다.

우리는 그런 성령의 권면에 따라야 합니다. 그리하여 그리스도 예수의 마음을 함께 품고 서로를 섬겨야 합니다. 주님도 제자들의 발을 씻기며 "내가 너희에게 행한 것 같이 너희도 행하게 하려 하여 본을 보였노라"(요 13:15)고 말씀하셨습니다. 우리 또한 이 그리스도의 본을 따라야 하는 것입니다.

지금 우리가 누리고 있는 모든 은혜는 어디에서 온 것입니까? 누구로 말미암은 것입니까? 그리스도입니다. 영광의 주이며 하나님의 본체인 그분이 종의 형체를 취해 우리를 섬겨주셨기에 우리는 구원을 받았으며 그리스도 안에서 영생을 얻게 되었습니다. 신자에게 일어난 이 변화는 무엇으로도 설명할 수 없는 놀라운 사실입니다. 어떤 말로도 형용할 수 없고 어떤 것과도 바꿀 수 없는 엄청난 가치를 지닌 것이며 누구도 빼앗을 수 없는 그런 영원한 변화입니다.

그분 앞에서 그리고 서로에게 종이 되자

우리는 친히 종의 형체를 취하신 영광의 주님에게서 섬김을 받은 자들입니다. 그래서 우리는 진실로 행복한 자들입니다. 바울은 신자가 이처럼 복된 지위를 가진 자라는 것을 상기시킵니다. 그리고 자신을 낮추신 그리스도의 마음을 우리 또한 품고 서로에게 행하라고 권면합니다. 그리스도로 말미암아 말로 다할 수 없는 큰 복을 누리면서 서로

불화를 일으킨다는 건 있을 수 없는 일입니다. 더불어 우리를 위해 종의 형체를 취하신 그리스도를 욕되게 하는 일입니다. 우리를 향한 그리스도의 마음을 조금도 생각하지 않는 것입니다.

예수 그리스도와 연합한 참된 신자입니까? 그렇다면 그리스도의 마음을 품으라는 성경의 권면을 도저히 거부할 수 없을 것입니다. 그토록 소중히 여겼던 우리의 자존심도, 우리를 위해 종의 형체를 취하고 자신의 모든 것을 내어주신 그리스도의 마음을 거부할 수 있는 이유가 될 수 없습니다.

그리스도와 연합한 신자라면 당연히 그분의 마음을 품고자 할 것입니다. 여전히 연약하여 그리스도의 마음을 품기 힘들어하는 자신을 두고 "주께서 아시지 않습니까? 저는 너무 부족합니다. 하지만 저는 이 마음을 거절할 수 없습니다. 그리스도의 마음을 저도 품기 원합니다"라고 주님께 간구하게 될 것입니다.

우리를 위해 종의 형체를 가지신 그리스도의 마음을 품읍시다. 그리고 이 마음을 서로에게 드러냅시다. 그리스도께서 자신의 모든 영화와 부요함을 포기하고 종의 속성을 취해 끝까지 충성스럽게 섬기셨듯이, 우리도 자신의 권리를 주장하지 말고 서로의 종이 되어 다른 사람을 섬기고 세웁시다.

부디 이 그리스도의 마음이 교회 공동체의 모든 지체들 가운데 선명하게 드러나기를 바랍니다. 그리하여 우리를 다스리며 우리 안에서 역사하시는 분이 그리스도임을 모두가 분명히 알게 되는 그런 놀라운 은혜와 복이 있게 되기를 간절히 바랍니다.

In your relationships
with one another,
have the same mindset
as Christ Jesus.

**너희 안에 이 마음을 품으라
곧 그리스도 예수의 마음이니
(빌 2:5).**

06

In your relationships with one another, have the same mindset as Christ Jesus.

그리스도의 마음 4
_ 사람의 모양으로 나타나시다

: 사람들과 같이 되셨고
  사람의 모양으로 나타나사

너희 안에 이 마음을 품으라 곧 그리스도 예수의 마음이니
그는 근본 하나님의 본체시나
하나님과 동등됨을 취할 것으로 여기지 아니하시고
오히려 자기를 비워 종의 형체를 가지사
사람들과 같이 되셨고 사람의 모양으로 나타나사
자기를 낮추시고 죽기까지 복종하셨으니
곧 십자가에 죽으심이라
이러므로 하나님이 그를 지극히 높여
모든 이름 위에 뛰어난 이름을 주사
하늘에 있는 자들과 땅에 있는 자들과 땅 아래에 있는 자들로
모든 무릎을 예수의 이름에 꿇게 하시고
모든 입으로 예수 그리스도를 주라 시인하여
하나님 아버지께 영광을 돌리게 하셨느니라
(빌립보서 2:5-11).

"오히려 자기를 비워 종의 형체를 가지사 사람들과 같이 되셨고 사람의 모양으로 나타나사 자기를 낮추시고 죽기까지 복종하셨으니 곧 십자가에 죽으심이라"(빌 2:7-8).

하나님의 아들이 사람들과 같이 되셨고 사람의 모양으로 나타나셨다는 본문의 표현은 우리에게도 매우 익숙합니다. 어쩌면 달리 생각할 필요가 없는, 지극히 당연한 말씀처럼 보입니다. 그러나 우리는 당연하게 느껴지는 이 말씀 앞에 잠시 멈춰 서서 그 내용을 깊이 생각해야 합니다. 이 말씀은 어마어마한 내용을 담고 있기 때문입니다.

자기를 비우신 그리스도에게 일어난 위대한 변화, 곧 그분이 사람들과 같이 되셨고 사람의 모양으로 나타나셨다는 성경의 증언은 가벼이 여겨 넘길 수 없는 것입니다. 우리는 이 말씀에서 하나님이 우리에게 얼마나 놀라운 사랑과 은혜를 베푸셨는지 그리고 우리를 위해 이처럼 위대한 변화를 기꺼이 원하신 그리스도 예수의 마음이 어떠한 것이었는지를 엿볼 수 있습니다.

사람들과 같이 되셨고 사람의 모양으로 나타나셨다는 본문의 일차적인 의미는 하나님의 아들이 우리와 같은 '인성'을 취하셨다는 것입니다. 이것이 얼마나 엄청난 일인지를 생각해보십시오. 하나님의 아들이 인성을 취하셨습니다!

원문을 다시 번역해보면 "사람들의 모양으로 되셨고 사람의 외관으로 나타나셨다"입니다. 우선 '사람들의 모양으로 되셨다'는 것은 하나님의 아들이 마침내 인성을 취하셨다는 의미입니다. 이는 "말씀이 육신이 되어"(요 1:14)라는 사도 요한의 진술과도 맥락을 같이 합니다.

그런데 '모양'으로 되셨다는 표현은 좀 더 많은 것을 우리에게 말해줍니다. 일단 여기 모양, 우리말 번역으로 하면 '같이 되심'이라는 말은 '실제적인 닮음'을 뜻합니다. 그러므로 하나님과 같은 양식으로 존재하시던 분께서 이제 인간들과 같이 되기로 하셨다는 것을 뜻하는 것입니다.

앞에서 바울은 종의 형체 곧 종의 본체를 취하셨다고 했는데 여기에서는 '사람들의 본체가 되셨다'고 말하지 않고 '사람과 같이 되심' 또는 '사람의 모양으로 되셨다'고 말했습니다. 그것은 다름이 아니라 사람들의 본체, 곧 본질적인 속성을 취하셨다고 할 수 없고 단지 '신체적인 닮음'을 취하셨기 때문입니다.

우리와 같이 '연약한' 인성을 취하셨다

어떤 사람들은 그리스도께서 사람의 모양, 또는 실제적인 닮음을 취하셨다는 것을 그릇 해석했습니다. 그들은 하나님이 인간의 하찮은 몸을 입을 수 없다는 전제를 갖고 그리스도께서 육신을 입은 것은 일종의 환영일 뿐이라고 말합니다. 어떤 이들은 그리스도께서 취하신 인성이 불완전한 것이라 말하기도 합니다.

그러나 본문은 그리스도께서 취하신 인성을 부정하거나 그 인성의 불완전함을 설명하는 것이 아닙니다.

여기서 우리는 그리스도께서 취하신 인성이 무엇이었는지 성경을 통해 깊이 고찰해봐야 합니다. 그분이 취하신 인성은 타락 이전 아담이 가졌던 인성이 아니었습니다. 또한 부활 승천 후 영화로운 상태에 있을 때 가졌던 인성도 아니었습니다. 그렇다고 마지막 날 영광 중 재림할 때 나타낼 인성을 취하신 것도 아닙니다. 놀랍게도 주님은 우리와 같은 인성을 취하셨습니다. 타락한 인간들이 가진 인성, 곧 죄로 인해 연약해진 인성을 취하신 것입니다.

이 일에 대하여 히브리서 기자는 다음과 같이 고백했습니다. "그러므로 그가 범사에 형제들과 같이 되심이 마땅하도다 이는 하나님의 일에 자비하고 신실한 대제사장이 되어 백성의 죄를 속량하려 하심이라" (히 2:17).

바빙크는 그리스도께서 우리와 같이 연약한 인성을 취하신 것에 대해 다음과 같이 말했습니다. "아담은 성인으로 창조되었고 낙원이 그의 거주지였으며 고통과 죽음에 종속되지 않았다. 그러나 그리스도는 낙원에 놓이지 않았고 악한 자들이 가득한 세상에 왔다.

그는 사방으로 유혹에 노출되었고 고통과 죽음을 맛보는 본성을 지녔다. 그의 인성은 타락 전 아담의 인성이 아니었으나 하나님은 자신의 아들을 로마서 8장 3절의 말씀대로 "죄 있는 육신의 모양"으로 보내셨다."

그러나, 죄는 없으시다

이처럼 그리스도께서는 우리와 같은 인성을 취하셨습니다. 하지만 우리는 그분의 인성에 분명 우리 인간과 구별되는 부분이 있음을 기억해야 합니다. 앞서 말한 바와 같이 본문이 '사람들과 같이 되셨다' 혹은 '사람의 모양으로 나타나셨다'라고 표현한 것은 바로 이런 이유 때문입니다.

그리스도의 인성은 그분 자신의 신성과 결합되어 있었습니다. 다만 그것이 겉으로 드러나지 않았을 뿐입니다. 또한 우리와 달리 그분의 인성에는 죄가 없었습니다. 아담의 타락 이후 모든 인간은 죄로 인해 연약해진 인성을 갖고 태어났고 그리스도도 이 연약해진 인성을 취하셨으나 놀랍게도 죄는 없으셨습니다.

간혹 "자기 아들을 죄 있는 육신의 모양으로 보내어"(롬 8:3)라는 말씀을 이 부분과 연관해 오해하는 사람들이 있습니다. 그러나 이 말씀은 그리스도께서 죄가 있는 육신을 입으셨다는 말이 아닙니다. 본문이 말하는 것처럼 '사람의 모양으로 되셨다, 사람과 같이 되셨다'를 말하는 것입니다.

비록 그 형태와 모습에 있어서 죄로 인해 연약해진 인성과 동일한 인성을 취하셨지만 그리스도께서는 성령으로 잉태된 인성을 취하셨습니다. 그래서 그분은 우리와 달리 죄 없는 조건의 인성을 갖고 태어나셨습니다(마 1:18). 또한 일생 동안 죄를 짓지도 않으셨습니다. 히브리서는 이에 대해 "모든 일에 우리와 똑같이 시험을 받으신 이로되 죄는 없으시니라"(히 4:15)고 증언합니다.

　하나님의 아들인 그리스도는 우리를 위해 자신을 비워 사람들과 같이 되셨습니다. 하나님의 본질적 속성을 여전히 지니면서 동시에 죄로 인해 연약해진 그런 인성을 취하신 것입니다. 이는 굉장한 신비입니다! 우리의 구원주께서는 지금도 인성과 신성, 두 가지를 모두 지닌 가운데 우리의 유일한 중보자로 계십니다.

　돈이 많던 사람이 없는 처지로, 또 권력을 가진 자가 무력한 자의 자리로 가는 것도 어려운 일인데 하나님의 본체를 지닌 그리스도께서 죄로 연약해진 인성을 취하셨다는 것은 우리에게 참으로 신비롭고 경이로운 사실입니다. 하나님이 인성을 취하신 것은 그 어떤 것과도 비교할 수 없는 경험입니다. 우리는 이러한 하나님의 낮아지심을 깊이 묵상해봐야 합니다.

"하나님이 사람의 몸을 입으셨다!"

　빌립보서 2장 8절에서 바울은 그리스도께서 "사람의 모양으로 나타나"셨다고 말합니다. 이를 좀 더 알기 쉽게 말하면 '사람의 외관'으로 나타나셨다는 것입니다. 예수님의 겉모습은 사람들과 닮으셨습니다. 근본 하나님이지만 겉으로 봤을 때는 사람이라고 인식될 만한 외관을 지니고 계셨다는 것입니다. 당시 이스라엘 사람들은 예수님을 자신들과 똑같은 사람이라고 생각했습니다.

그렇게 그리스도께서 사람의 모양으로 나타나셨다는 것은 일견 우리에게 평범하게 들릴 수도 있습니다. 그러나 바울은 이 말씀을 평범한 정서로 말하지 않았음이 분명합니다. 이렇게 말할 수 있는 이유는 디모데전서 1장을 통해 드러난 바울의 태도 때문입니다. 그는 다음과 같이 말했습니다. "미쁘다 모든 사람이 받을 만한 이 말이여 그리스도 예수께서 죄인을 구원하시려고 세상에 임하셨다 하였도다"(딤전 1:15). 그리스도께서 이 땅에 오신 것을 말하면서 바울은 감탄했습니다. 하나님이 사람의 몸으로 이 세상에 임하셨다는 사실이 그에게는 너무 놀라웠던 것입니다. 그래서 편지를 쓰면서도 "미쁘다 모든 사람이 받을 만한 이 말이여!" 하고 말한 것입니다.

빌립보서 본문에서도 이러한 바울의 감탄과 감격 어린 정서가 그대로 묻어납니다. 하나님이 사람의 외관을 갖고 나타나신 신비롭고 경이로운 일을 말할 때는 평정심을 갖고 말할 수 없었습니다.

구약 시대에는 인간이 하나님을 가까이 할 수 없었습니다. 성경은 심지어 하나님을 보는 자는 죽는다고까지 말했습니다. 그런데 이처럼 거룩한 하나님이 자신을 비워 종의 형체를 취하고 사람들과 같이 되셨습니다. 그리고 사람의 모양으로 친히 우리에게 나타나고 다가오셨습니다. 만약 하나님이 사람들과 같이 되지 않으셨다면 우리는 그분을 가까이 대면할 수 없었을 것입니다. 뿐만 아니라 그리스도께서 우리를 위한 제사장이 되어 우리의 죄를 속량하실 수도 없었을 것입니다.

이것은 구속사뿐만 아니라 세상 모든 역사 가운데 가장 놀랍고 신비로운 사건입니다. 죄 있는 인간들, 곧 온 인류가 기뻐할 만한 복되고

경이로운 일입니다. 바울이 외친 것처럼 모든 사람들이 받을 만한 말이었습니다. 이토록 영광스럽고 복된 사건, 곧 하나님이 참된 인성을 취해 직접 자신을 사람들에게 계시하신 이 일을 바울은 벅찬 마음으로 진술했습니다.

예수님에게서 하나님을 보지 못한 사람들

그런데 이러한 하나님의 아들께 사람들이 보인 반응은 무엇이었습니까? 그들은 모두 예수 그리스도를 그저 자신들과 같은 사람이라고만 생각했습니다. 하나님이 아닌 사람으로만 그분을 대했던 것입니다. 헨드릭슨은 사람들에게 이러한 취급을 받으신 그리스도를 두고 다음과 같이 진술했습니다

"사람들이 자연적인 출생 과정을 통하여 이 세상에 왔는가. 그분도 그렇게 오셨다. 다만 그 동정녀 탄생의 신비를 그들은 헤아릴 수 없었다. 그들이 강보에 쌓여졌는가. 그분도 그러하셨다. 그들이 성장했는가. 그분도 그러하셨다. 그들이 형제와 자녀가 있었는가. 그분도 있으셨다. 그들이 기술을 배웠는가. 그분도 목수의 기술을 배우셨다. 그들이 때로 주리고 목마르고 피곤하고 잠을 잤는가. 그분도 그러셨다. 그들이 때로 슬퍼하고 노했는가. 그분도 역시 그랬다. 그들이 때로 울었는가. 그분도 우셨다. 예컨대 혼인 잔치에서 그들이

기뻐하였는가. 그분도 역시 혼인 잔치에 참여하였다. 그들이 죽어야 했는가. 비록 그의 경우에는 죽음이 육신적이고 영원하며 자의적이며 대속적인 것이었으나 역시 그분도 죽으셨다. 그러므로 그의 전체 모양에서 그는 인간으로 인식되었다. 그는 그렇게 보였으며 인간의 모습을 가지셨다. 그의 옷 입는 방식이나 관습이나 생활 방식은 그 당시 사람들과 동일했다."[15]

사람들 눈에는 주님의 모습이 너무도 평범해 보였지만 실상은 그렇지 않았습니다. 하나님인 분이 우리와 같은 인생 과정을 동일하게 경험하셨다는 사실은 매우 놀라운 일입니다. 그리고 하나님이 육신을 입으신 일은 그저 환영에 불과하다는 영지주의자의 주장과는 달리 하나님이 참으로 사람들과 같이 되셨다는 사실을 온전히 말해주는 증거입니다.

안타깝게도 사람들은 그리스도에게서 사람의 외관 밖에 보지 못했습니다. 또한 자기 눈앞에 있는 그리스도께서 근본 하나님의 본체로서 신성을 지니고 계심을 알지 못했습니다. 심지어 그분이 직접 말씀과 사역을 통해 자신의 육신 안에 하나님의 신성이 가려져 있다고 증언하셨을 때에도 그들은 깨달을 수 없었습니다. 도리어 사람들은 그렇게 자신을 증거하시는 예수님을 미워했습니다. 외견상 자신들과 같은 예수님이 자신을 두고 스스로 하나님의 아들이라 말하는 것을 참을 수 없었던 것입니다.

3년 동안이나 예수님을 따랐던 제자들마저도 그리스도의 육신 안에 감춰진 하나님의 본체를 보지 못했기에 "주여 아버지를 우리에게 보여 주옵소서"(요 14:8)라고 간구할 정도였습니다. 예수님은 제자들에게 "내가 이렇게 오래 너희와 함께 있으되 네가 나를 알지 못하느냐 나를 본 자는 아버지를 보았거늘 어찌하여 아버지를 보이라 하느냐"(요 14:9)고 안타까운 마음으로 대답하셨습니다.

분명히 그리스도 예수 안에는 하나님의 본체, 곧 하나님 자신이 계셨습니다. 다만 인간의 모든 연약함과 제한성을 취하셨을 뿐입니다. 사람들은 이러한 그리스도를 그저 자신과 같은 사람으로만 여겼습니다. "마리아의 아들 목수가 아니냐"(막 6:3)고 말할 뿐이었습니다. 그들이 본 것은 그게 전부였기 때문입니다.

그리스도를 알게 하시는 이, 하나님 아버지

선지자 이사야는 앞으로 하나님이 자신을 직접 계시하실 것이라고 말하면서 "우리가 전한 것을 누가 믿었느냐 여호와의 팔이 누구에게 나타났느냐"(사 53:1)고 예언했습니다. 그의 예언대로 사람들은 자기들 눈앞에 있는 여호와 하나님을 전혀 알아보지 못했습니다. 예수님을 인간 이상으로 대접하지 않았을 뿐만 아니라 그분을 멸시하고 희롱하며 무시했습니다. 참으로 말도 안 되는 일이 일어난 것입니다. 단지 사람과 같은 외관을 가지셨다는 이유로 창조주(요 1:1-3)인 그분을 함부로 대했습니다.

정녕 그리스도는 사람의 외관을 취하는 대신 신격에 걸맞은 특별하고 압도적인 모습으로 오실 수도 있었습니다. 그러나 그분은 사람을 구원하기 위해 사람의 모습으로 이 땅에 오셨습니다. 사람들은 그러한 그리스도를 알아보지 못했고 도리어 그분을 멸시하고 짓밟았습니다.

이러한 행태는 지금도 반복되고 있습니다. 많은 사람들이 자신을 비워 사람들과 같이 되신 하나님을 그저 역사 속 위인들 중 하나 정도로 취급합니다. 그분이 근본 하나님의 본체이며 하나님의 아들이라는 것, 우리의 구원주이며 유일한 중보자라는 것을 말하기라도 하면 비아냥거리며 적대감을 드러냅니다. 예수님이 이 땅에 계실 때 그분의 뺨을 치고 희롱했던 무리처럼 예수님 안에 감춰진 하나님의 본체를 알지 못하고 그분을 무시합니다.

우리는 그와 같이 행하지 않아야 합니다. 예수 그리스도께서는 참 사람이면서 동시에 참 하나님입니다. 그분은 근본 하나님의 본체이지만 자신을 비워 사람들과 같이 되고 사람의 외관으로 나타나신 분입니다. 우리를 구원하기 위해 이 땅에 오신 참 하나님입니다.

만약 이 사실을 알고 믿는다면 참으로 엄청난 일이 우리에게 일어난 것입니다. 이는 절대로 과장이 아닙니다. 우리 스스로는 이 놀라운 신비를 알 수가 없습니다. 이것은 분명 하나님이 알게 하신 것입니다. 베드로가 "주는 그리스도시요 살아 계신 하나님의 아들이시니이다"(마 16:16)라고 고백했을 때 주님이 "바요나 시몬아 네가 복이 있도다 이를 네게 알게 한 이는 혈육이 아니요 하늘에 계신 내 아버지시니라"(마 16:17)고 말씀하신 것은 이러한 하나님의 역사를 분명히 드러냅니다.

단순히 교회에 나온다고 이러한 사실을 알게 되는 것이 아닙니다. 또 이 세상의 지혜가 많다고 해서 깨닫게 되는 것도 아닙니다. 오히려 스스로 지혜 있다고 여기는 자들은 자신의 지혜만 의지하기 때문에 성경이 말하는 이 사실을 믿지 못합니다. 그러므로 신성과 인성을 동시에 지니신 이 그리스도를 정녕 알고 있다면 그는 베드로와 같이 복이 있는 사람입니다.

'진짜' 영광의 주인을 보라

이처럼 하나님이 우리와 같은 죄인들을 위해 사람의 모양으로 나타나신 것은 인류 역사상 최대의 사건이요 또한 유일한 사건입니다. 그토록 영광스러운 하나님은 죄로 인해 연약해진 인성을 취해 이 땅에 오셨습니다. 사람들이 자신을 미워하고 멸시할 것을 미리 아셨음에도 기꺼이 그렇게 하셨습니다. 바울이 본받으라고 말하는 주님의 마음은 바로 이것이었습니다. 우리를 위해 우리 같이 되신 주님의 마음을 본받으라는 것입니다. 맥클라우드는 본문을 당시 빌립보교회 성도들의 상황과 연관해 다음과 같이 설명했습니다.

"빌립보교회에서 문제를 유발하고 있었던 사람들은 헛된 영광에 사로잡혀 있었다. 그들은 자신의 이미지에 신경을 쓰고 좋은 인상을 주는 데 연연하고 또 영향력 있는 사람으로 인정받는 데 신경을 곤

두세우고 있었다. 그러나 그와 대조적으로 실제로 정말 대단하신 그분은 사람들이 자신을 전적으로 오해하고 평가 절하하는 자리에 처하셨다. 사람들이 그를 보았을 때 그는 그저 평범한 사람으로만 보였을 뿐이다. 그의 외모에는 다른 사람들과 구별될 만한 것이 전혀 없었다. 휘광도 광채도 없었고 아마도 그를 특별히 잘생기게 혹은 눈에 띄게 해준 것도 없었던 것이다. 그가 지나가실 때 그를 다시 보기 위해 고개를 돌리는 사람은 아무도 없었을 것이다. 그는 정말로 평범한 사람처럼 보였다."[16]

누구와도 비교할 수 없을 정도로 영광스러운 하나님은 우리를 구원하기 위해 이처럼 평범하게 다가오셨건만 우리는 반대로 스스로를 자꾸 돋보이게 만들려고 합니다. 사람들 앞에서의 내 이미지를 관리합니다. 빌립보교회 사람들처럼 자기 자신에게 더 관심을 기울이며 스스로를 더욱 높이려고 합니다. 더군다나 오늘날에는 다른 사람들과 섞여서 무언가 하는 것을 싫어하는 풍조가 만연합니다. 이는 교회에서도 마찬가지여서 공동체 안에서 관계의 선을 그어버리는 일이 적잖습니다. 그렇게 자신을 지키며 자신의 가치를 유지하려고 하는 것입니다. 다른 사람들에게 자신의 단점을 보여주지 않으려고 안간힘을 씁니다. 혹시 누가 나를 판단하지는 않을지, 사람들의 입담거리가 되는 건 아닌지, 무시당하지는 않을지 전전긍긍하며 다른 사람들과 선을 긋고 섞이지 않으려고만 합니다.

그러나 여기 영광의 주를 보십시오. 그분은 원래 유한하며 죄악 덩 어리에 불과한 우리와 섞이실 수 없는 분이었습니다. 우리는 도무지 그분에게 가까이 갈 수 없었습니다. 그럼에도 주님은 우리에게 가까이 다가오셨습니다. 우리와 섞이셨습니다. 우리의 발을 씻기셨습니다. 비참한 죄인일 뿐인 우리와 함께 계시려고 영광스러운 자리를 뒤로하고 우리와 같이 되셨습니다. 우리가 제대로 알아보지 못한 채 그분을 무시하며 짓밟아도 그리스도는 우리를 공격하지 않으셨습니다. 오히려 묵묵히 참으며 우리와 섞이셨습니다. 이처럼 그리스도께서 사람이 되신 것은 결코 우연히 일어난 일이 아닙니다. 그분이 자기 비움을 기꺼이 원하고 실제로 그리하셨기에 일어난 일입니다. 그 모든 것은 다 우리의 구원을 위한 것이었습니다.

우리는 모두 이 영광스러운 주 예수 그리스도의 섬김을 받은 자들입니다. 그분의 섬김으로 우리는 구원을 얻게 되었습니다. 그럼에도 우리는 공동체 안에서 친한 사람을 가려내고 좀처럼 섞이려고 하지 않습니다. 세상 사람들과 같이 선을 긋고 서로 높낮이를 따지려고 합니다. 이와 같은 어리석음을 범하는 우리에게, 바울은 빌립보교회 성도들에게 말한 것과 같이 그리스도의 마음을 품으라고 간곡하게 권면합니다. 곧 공동체 안에서 영광스러운 주님의 섬김을 받았으므로 우리도 서로 섬기며 섞여야 한다는 것입니다.

정녕 예수 그리스도를 믿으십니까? 우리를 위해 자기를 비우고 사람의 외관을 취하신 이 그리스도를 정녕 알고 있습니까? 그렇다면 그분의 마음을 품으십시오.

07

In your relationships with one another, have the same mindset as Christ Jesus.

그리스도의 마음 5
_ 자기를 낮춰 죽기까지 복종하시다

: 자기를 낮추시고
  죽기까지 복종하셨으니

너희 안에 이 마음을 품으라 곧 그리스도 예수의 마음이니
그는 근본 하나님의 본체시나
하나님과 동등됨을 취할 것으로 여기지 아니하시고
오히려 자기를 비워 종의 형체를 가지사
사람들과 같이 되셨고 사람의 모양으로 나타나사
자기를 낮추시고 죽기까지 복종하셨으니
곧 십자가에 죽으심이라
이러므로 하나님이 그를 지극히 높여
모든 이름 위에 뛰어난 이름을 주사
하늘에 있는 자들과 땅에 있는 자들과 땅 아래에 있는 자들로
모든 무릎을 예수의 이름에 꿇게 하시고
모든 입으로 예수 그리스도를 주라 시인하여
하나님 아버지께 영광을 돌리게 하셨느니라
(빌립보서 2:5-11).

바울은 하나님이 사람들과 같이 되셨고 사람의 모양으로 나타나신 사실에 이어 "자기를 낮추시고 죽기까지 복종하셨으니"(빌 2:8)라고 말합니다. 이 진술은 그리스도의 자기 비움을 단순히 반복하여 표현한 것이 아닙니다.

여기서 먼저 생각해봐야 하는 것은 하나님의 아들이 굴욕을 당하셨다는 것입니다. 자기를 낮추시는 일에는 죄로 인해 연약해진 인성을 취하신 것도 있지만 그와 더불어 그리스도께서 전 생애 동안 굴욕을 당하시는 것 또한 포함되어 있었습니다. 더욱 놀라운 것은 주님이 이 모든 것을 기꺼이 수용하셨다는 것입니다.

더욱이 "곧 십자가에 죽으심이라"(빌 2:8)는 표현은 그리스도의 자기 포기의 깊이가 어느 정도였는지를 가늠케 합니다. 그리스도는 십자가에 죽기까지 하나님 아버지께 복종하셨습니다. 이에 대해 랄프 마틴은 다음과 같이 말했습니다. "여기 '자기를 낮추시고'라는 말씀은 아버지께 바치시고 우리 인간의 운명을 받아들이신 그의 지상 생애 전체를 가리킨다. 그러나 그의 생애의 절정은 아주 두드러지게 보여진다. 즉 그것은 갈보리 고난과 죽음에서 나타난 낮아지심이다."[17]

그의 말대로 그리스도께서 보이신 자기 포기의 절정은 바로 십자가에서 죽기까지 복종하신 것입니다.

중요한 것은 그리스도께서 이처럼 자신을 낮추기를 '기꺼이' 원하셨다는 것입니다. 세상의 어느 누구도 힘든 일을 스스로 하려는 사람은 없습니다. 다른 사람이 알아주지 않으면 기피하려고 합니다. 더구나 굴욕을 받고 무시를 당하게 되는 일이라면 더욱 그렇습니다.

그런데 성경은 하나님의 본체이며 하나님의 아들인 주님이 자기를 낮추는 삶을 의지적으로 원하셨다고 말합니다. 그렇다면 왜 그리스도는 그처럼 전 생애 동안 굴욕당하는 일을 기꺼이 원하셨을까요? 바로 우리를 죄에서 구원하시기 위해서였습니다.

선지자 이사야는 하나님의 아들이 우리를 대속하기 위해 고난을 당하고 자신을 기꺼이 낮춰 굴욕당하시게 될 것을 다음과 같이 예언했습니다.

"그가 곤욕을 당하여 괴로울 때에도 그의 입을 열지 아니하였음이여 마치 도수장으로 끌려 가는 어린 양과 털 깎는 자 앞에서 잠잠한 양 같이 그의 입을 열지 아니하였도다"(사 53:7).

구약의 어린양 vs. 신약의 어린양

여기서 우리는 이 예언과 성취에 대해 한 가지를 먼저 짚고 넘어가야 합니다. 구약에서는 희생 제사를 드릴 때 어린양이 자신의 의지와 상관없이 제물로 드려졌습니다. 제물로 드려지는 모든 양들은 그렇게 제단에 끌려가서 피를 흘렸습니다. 하지만 하나님의 아들은 이런 양들과 같지 않으셨습니다. 그분은 온전한 의식과 의지를 가진 상태로 끝까지 입을 열지 않고 끌려가셨습니다. 그토록 사람들에게 굴욕을 당하고 온갖 곤욕을 치러서 심히 괴로웠을 텐데도 의지적으로 그리고 자발적으로 자신을 낮추셨습니다. 그분은 끝까지 입을 열지 않은 채 모든 괴로움을 감내하셨습니다.

왜 그러셨을까요? 우리를 구속하기 위한 그 모든 일이 조금도 방해받지 않기 위함이었습니다. 히브리서 기자는 이처럼 희생 제사의 제물로 자신을 드린 그리스도에 대해 다음과 같이 말합니다. "염소와 송아지의 피로 하지 아니하고 오직 자기의 피로 영원한 속죄를 이루사 단번에 성소에 들어가셨느니라"(히 9:12).

우리는 주님의 제자요, 종이라고 하면서도 그분을 닮아 자신을 낮추는 일을 잘 못합니다. 그런 우리를 위해 영광의 주님은 기꺼이 자신을 낮추고 끝까지 굴욕을 당하셨습니다. 바울은 이러한 그리스도의 마음을 품으라고 권면합니다.

그리스도의 위대한 결심 두 가지

본문을 통해 드러나는 그리스도 예수의 마음은 비단 이것만이 아닙니다. 우리는 "죽기까지 복종하셨으니"(빌 2:8)라는 진술을 통해 더 놀랍고도 깊은 그분의 마음을 엿볼 수 있습니다. 존귀한 하나님이 스스로 낮추신 것만으로도 너무나 놀라운 일이지만 그것이 끝이 아니었습니다. 주님은 자신을 비우되 아버지의 뜻에 죽기까지 순종할 만큼 그리하셨습니다.

맥클라우드는 이와 같은 그리스도의 자기 비움은 기꺼이 더 낮아지고자 하는 그분의 마음을 포함한다면서 다음과 같이 진술했습니다.

"그리스도께서 자기를 비우신 배후에는 두 가지 위대한 결심이 있다. 첫째는 종의 형체와 사람의 모습을 취하겠다는 영원한 아들의 시간 이전의 결정이 있다. 그 다음은 그가 일단 성육신을 하신 다음에 훨씬 더 자신을 낮추겠다고 결정하신 것이다. 이런 관점에서 볼 때, 그리스도의 낮아지심은 한 점이 아니라 긴 선이었다. 낮아지심의 첫 걸음은 우리의 상상을 초월한다. 그렇지만 그 발걸음은 집 없고, 가난하고, 기진하고, 수치를 당하고, 고통을 당하면서도 겟세마네로 그리고 다시 갈보리로 계속해서 낮아지는 긴 여정의 시작에 불과했다."[18]

그의 말대로 하나님의 아들이 죽기까지 복종하여 끝내 십자가에 죽으신 일은 단발적인 특정 사건이 아니라 계속 이어지던 구속의 여정 끝에 일어난 사건이었습니다.

그렇다면 하나님의 아들이 자신을 비워 죽기까지 복종하셨다는 것은 무엇을 말하는 것일까요? 이는 로마서 5장 12절에서 말하고 있듯이 "한 사람, 곧 아담의 불순종으로 말미암아 모든 사람이 죄인 된 것과 같이 많은 사람을 의인 되게 하기 위해 육신을 입고 오신 하나님의 아들이 성부 하나님의 뜻에 순종하셨다"는 것을 의미합니다. 즉 주님은 죄인인 우리를 의롭다 여김 받도록 하기 위해 하나님 아버지의 뜻에 따라 우리의 죄를 짊어지고 죽기를 기꺼이 원하셨던 것입니다.

죽기까지 순종하다, 십자가 죽음

그리스도는 죽기까지 순종하기를 의지적으로 택하셨습니다. 그것은 사실 마틴의 말대로 그분의 신성과 권위를 드러내는 확실한 표라고 할 수 있습니다. 그렇게 말할 수 있는 이유는 오직 신적 존재만이 죽음을 순종으로 받아들일 수 있기 때문입니다.[19] 인간인 우리는 순종 가운데 죽음을 받아들일 수 없습니다. 본래 우리는 우리 자신의 죄로 인해 마땅히 죽을 수밖에 없는 존재였습니다. 하지만 하나님의 본체인 그리스도께서 겪으셔야 했던 죽음의 원인과 성질은 우리와 달랐습니다. 영원부터 영원까지 스스로 계신 분에게 죽음이 있을 수 있겠습니까? 따라서 그리스도께서 죽기까지 복종하셨다는 성경의 진술은 그분이 자신의 의지로 죽음을 선택하셨다는 의미가 됩니다. 우리의 죄를 짊어지고 십자가 위에서 죽기를 원하셨던 하나님 아버지의 뜻에 순종하려고 주님은 죽음을 스스로 택하신 것입니다.

사실 결코 죽을 수 없는 존재, 곧 하나님의 본체인 그리스도께서 순종 가운데 죽음을 택하셨다는 사실은 참으로 이해하기 어려운 것입니다. 그리스도는 정녕 생명의 근원이며 창조자이고 영생을 주시는 분입니다. 오직 그분에게만 '죽지 아니함'이 있습니다(딤전 6:16). 그런데 본문은 그와 같은 존재가 우리의 구원을 위해 우리와 같은 인성을 취하고 실제로 죽으셨다고 말합니다. 생명의 근원인 주님이 종의 형체를 취한 가운데 죽으셨다는 말입니다. 참으로 우리가 다 헤아릴 수 없는 놀라운 신비입니다!

하나님의 아들이 기꺼이 죽음을 택하셨다는, 참으로 이해하기 어려운 이 사실에 대해 맥클라우드는 다음과 같이 말했습니다.

"죽으시는 분은 하나님의 아들이시다. 그는 죽기까지 순종하신다. 원래의 형태로는 그는 죽음과 관련이 없었다. 그러나 그는 의도적으로 죽을 수 있는 형체를 취하셨다. 그는 죽음을 향해 갔으며, 죽음을 선택하셨고, 죽음을 맛보았다. 죽음을 다스리시는 주인이 되고자 하지 않으시고, 죽음의 희생자가 되기를 택하셨다. 그리하여 죽지 않는다면 그 일 자체가 그에게 죄악이 될 수밖에 없는 그러한 운명을 받아들이셨다. 그는 고통을 받으셔야만 했다. 그에게 죽음은 순종이었다. 그가 죽지 않는다면 불순종이 될 것이었다."[20]

그리스도의 죽음은 자신의 존재와 전혀 상관없는 세계로 나아가는 것이었습니다. 또한 그의 죽음은 분명 인간이 경험하는 죽음과는 완전히 다른 것이었기에 주님은 보통의 인간과 비교조차 할 수 없는 공포와 고통을 겪으셔야 했습니다.

왜 그리스도는 죽음 앞에서 번민했을까?

성경은 그리스도께서 죽음으로 나아갈 때 어떠한 반응을 보이셨는지 말해줍니다. 주님은 자신이 어떤 죽음을 죽어야 한다는 것을 태어나기 전부터 이미 알고 계셨습니다. 천사는 예수님이 태어나시기 전 그의 어머니 마리아에게 이를 예언했습니다. "아들을 낳으리니 이름을 예수라 하라 이는 그가 자기 백성을 그들의 죄에서 구원할 자이심이라 하니라"(마 1:21). 이처럼 자신의 죽음을 이미 알았던 예수님이었지만 죽음이 자신에게 가까이 다가올 때 심히 고민하셨습니다. "지금 내 마음이 괴로우니 무슨 말을 하리요 아버지여 나를 구원하여 이 때를 면하게 하여 주옵소서"(요 12:27). 마지막으로 예루살렘에 입성해 하나님에게 드렸던 기도를 보면 예수님의 이러한 심정을 잘 볼 수 있습니다.

그리스도에게 죽음은 전혀 생소한 것이었습니다. 또한 그분이 경험하신 죽음의 무게, 죽음에 대한 내면의 갈등과 고통도 우리의 것과는 차원이 달랐습니다. 군병들에게 붙잡히기 직전, 곧 죽음의 순간이 주님에게 좀 더 가까이 다가왔을 때 주님은 이전에 없던 반응을 보이셨습니다. 함께 데려온 베드로와 세베대의 두 아들들에게 "내 마음이 심히 고민하여 죽게 되었으니 너희는 여기 머물러 깨어 있으라"(막 14:34)고 말씀하기도 했고, 그들보다 앞서 나아가며 큰 고민 가운데 슬퍼하다가 다음과 같은 간구를 하나님께 드리기도 했습니다. "내 아버지여 만일 할 만하시거든 이 잔을 내게서 지나가게 하옵소서 그러나 나의 원대로 마시옵고 아버지의 원대로 하옵소서"(마 26:39).

놀라운 것은 주님이 이러한 기도를 두 번이나 하셨다는 것입니다. 그분은 한 번의 기도만으로도 응답을 받을 수 있는 특별한 위치에 계신 하나님의 아들입니다. 그런데 죽음의 잔을 앞에 두고 주님은 세 번이나 하나님께 기도하셨습니다. 그 정도로 죽음을 매우 힘들어하셨습니다. 주님은 영혼을 찢는 것 같은 번민 속에서 하나님께 부르짖으셨습니다. 그 번민이 얼마나 심했던지 주님의 이마에서 피와 같은 땀방울이 흘러내릴 정도였습니다. 히브리서 기자는 이 같은 주님의 모습을 두고 "그는 육체에 계실 때에 자기를 죽음에서 능히 구원하실 이에게 심한 통곡과 눈물로 간구와 소원을 올렸고 그의 경건하심으로 말미암아 들으심을 얻었느니라"(히 5:7)고 기록했습니다.

심히 번민하며 괴로워하시는 주님의 모습은 이전에는 전혀 볼 수 없었던 것입니다. 그분을 그렇게 흔들며 고민하고 슬퍼하게 한 것은 무엇이었을까요? 자신을 비워 종의 형체를 취하고 사람의 몸을 입음으로써 기꺼이 자기를 낮추신 분이 하나님 아버지께 "이 잔을 내게서 지나가게 하옵소서"(마 26:39)라고 기도하신 이유가 무엇이었을까요? 그것은 우리의 죄를 대신 짐으로써 받아야 했던 형벌과 죽음이 그리스도께 절대적으로 두렵고 공포스러운 것이었기 때문입니다. 심지어 그 형벌과 죽음은 그분 자신과는 전혀 상관없는 것이기도 했습니다.

주님만이 겪으신 '특별한' 죽음

우리는 그리스도께서 인간의 몸으로 우리의 죄를 담당하며 고통을 겪었다는 사실뿐 아니라 생명의 주인인데도 자신의 생명이 끝나는 죽음을 받아들이셨다는 사실도 생각해봐야 합니다. 이는 우리가 참으로 헤아리기 어려운 거대한 문제입니다. 앞서 말한 것처럼 그리스도의 죽음은 인간이 경험하는 죽음과 완전히 다른 것이었습니다. 그리스도의 죽음은 그분으로 말미암아 구원받을 모든 자들을 위해 치러지는 죄의 삯으로서의 성격을 지녔습니다. 즉 죄의 본질과 성격이 담겨 있는 죽음 전체를 의미했던 것입니다. 이와 같은 죽음은 죄인 된 인간이 결코 감당할 수 없는 것이었습니다. 그래서 주님조차도 죽음 앞에서 그토록 고통스러워하실 수밖에 없었습니다.

그러나 우리의 주님인 그리스도는 이와 같은 죽음을 끝내 스스로 택하셨습니다. 죄에 대한 형벌로서의 죽음을 원하신 하나님 아버지의 뜻에 순종하기를 기꺼이 원하셨던 것입니다. 인성을 지녔기에 막상 죽음이 다가올 때 심히 힘들어하셨지만 그래도 주님은 죄인 된 우리를 구원하기 원하시는 하나님 아버지의 뜻에 순종하여 끝까지 그 엄청난 죽음으로 나아가셨습니다. 죽음을 힘겹게 대면하면서도 그분의 중심은 그처럼 하나님 아버지의 뜻에 순종하는 데 있었습니다. 그래서 예수님이 겟세마네에서 드렸던 기도 역시 "그러나 나의 원대로 마시옵고 아버지의 원대로 하옵소서"(마 26:39)라는 말로 맺어졌던 것입니다.

이와 같이 하나님 아버지의 뜻에 순종하는 가운데 행하는 것은 그리스도의 전 생애 동안 일관되게 드러난 그분 삶의 표지였습니다. 이에 대해 히브리서 기자는 다음과 같이 진술했습니다. "이에 내가 말하기를 하나님이여 보시옵소서 두루마리 책에 나를 가리켜 기록된 것과 같이 하나님의 뜻을 행하러 왔나이다 하셨느니라"(히 10:7). 여기서 말하는 "하나님의 뜻"은 그리스도께서 우리의 죄를 지고 대신 죽으시는 것이었습니다.

우리는 이 내용을 통해 하나님의 본체인 그리스도, 곧 생명의 주께서 자기 운명에 대한 모든 통제권을 하나님 아버지께 넘기셨다는 사실을 보게 됩니다. 주님은 오직 하나님 아버지의 뜻만 생각하셨습니다. 그래서 자신의 모든 미래를 아버지께 내어 맡기셨습니다. 이는 실로 엄청난 일입니다. 성자 하나님이 자기를 비워 죽기까지 복종하신 것은 단순히 그의 생명을 내려놓는 것만을 의미하지 않았습니다. 그것은 운명에 대한 모든 통제권까지 성부 하나님께 의탁하신 것을 뜻했습니다.

단 한순간이라도 순종에 실패했다면 어떤 일이 일어났을까?

성자 하나님의 입장에서는 이 순종이 굉장히 위험한 것이었습니다. 맥클라우드는 이 순종의 위험성에 대해 다음과 같이 말했습니다.

"예수님의 순종에는 아슬아슬한 위험들이 도사리고 있었다. 그는 자기의 운명을 전적으로 성부의 손에 맡기셨으며, 인정받지 못하고 수치를 당하면서 저주받은 채 죽기로 하셨다. 그는 베드로후서 2장의 말씀대로 공의로 심판하시는 자에게 자신을 의탁하셨다. 그는 절대적으로 정직하신 하나님 아버지께서 도덕적인 질서를 위하여 다스리신다는 믿음에 모든 것을 걸었다."[21]

한편 맥러건(James Mclagan)은 이토록 위험한 그리스도의 순종에 어떠한 본질적 의미가 있는지를 이렇게 말했습니다. "그리스도께서 단 한순간이라도 사람으로서의 인내와 결심에서 실패한다고 할라치면 그 결과는 악과 비극의 우주적이며 영원한 승리일 것이다. 비록 우리는 그러한 일이 결코 일어날 수 없다는 것을 알고는 있지만 그 결과는 말하기조차 두려운 일, 즉 그의 성부의 목적의 패배, 성부의 진리의 실패와 그의 성부의 신성에 대한 저버림일 것이다."[22]

하나님의 아들이 죽기까지 복종하셨다는 사실은 이처럼 어마어마한 내용을 포함하고 있습니다. 타락한 세상 그리고 아무런 소망도 없이 그저 멸망할 수밖에 없는 우리를 구원하시려는 성부 하나님의 뜻과 그분이 세우신 계획의 성공 여부가 모두 여기에 결부되어 있었던 것입니다. 그러므로 그리스도께서 죽기까지 복종하신 일은 놀라운 구원 계획을 세우신 성부 하나님과 그 성부 하나님께 자신의 운명을 내어 맡긴 성자 하나님에게 그리고 구원의 대상이 되는 이 세상과 우리에게도 너무나 중요한 사건이었습니다. 우리의 영원한 운명이 모두 이 그리스도의 순종에 결부되어 있었던 것입니다.

이 모든 것들이 결부된 하나님의 뜻을 이루기 위해 그리스도는 자기를 낮춰 죽기까지 복종하셨습니다. 그야말로 자신의 모든 운명을 내어 던지셨습니다. 생명의 주인 분이 이처럼 자기 생명을 버리셨다는 것은 생각할수록 놀라운 일입니다. 그리스도는 육신을 입었지만 여전히 신적 본성을 지녔기 때문에 얼마든지 다른 행동을 취하실 수도 있었습니다. 그분은 그야말로 불멸의 생명을 소유하신 존재입니다. 그럼에도 인성을 취하고 세상 죄를 짊어지며 자신의 생명을 죽음에 종속시키셨습니다. 오직 아버지의 뜻에 순종하기 위해 그리고 성부 하나님의 기쁘신 뜻에 따라 구원을 받게 될 우리를 위해 기꺼이 자신의 모든 것을 내주신 것입니다.

섬김 받았던 자로서 섬기라

우리를 위해 그토록 위험한 상황으로 자신을 몰고 가서 기꺼이 순종하는 마음으로 끔찍하고도 고통스러운 죽음으로 향하신 그리스도의 마음을 보십시오. 이 마음은 참으로 지고한 것입니다.

바울은 우리에게 지고한 그리스도의 마음을 본받으라고 명령합니다. 우리는 그의 권면을 경솔히 받아들이지 말아야 합니다. 우리에게는 바울의 권면을 따라 그리스도의 마음을 본받았던 믿음의 선배들이 있습니다. 그리스도의 죽으심과는 비견될 수 없겠지만 그들은 실제로 주님의 뒤를 따랐습니다. 자기를 낮춰 하나님의 뜻에 순종하고자 했습니다. 그리스도의 몸 된 교회를 위해 그리고 다른 영혼들을 위해 죽기까지 순종했습니다.

우리도 그들처럼 마땅히 그리스도의 마음을 함께 품어야 할 것입니다. 큰 굴욕을 당할 것을 미리 알았음에도 자기를 낮춰 죽기까지 복종하신 주님의 마음을 본받아 우리도 자기를 낮춰 다른 사람을 세우며 겸손히 행해야 할 것입니다. 또한 그리스도께서 기꺼이 의지적으로 순종하신 것처럼 우리도 마음만 먹는 데서 그치지 않고 실제적인 의지의 순종으로 나가야 할 것입니다.

하나님의 말씀에 순종하려고 할 때에는 마음속에 갈등이 생길 수도 있습니다. 순종하고 싶지 않거나 혹은 하나님을 모르던 과거로 돌아가고픈 마음이 들 수 있습니다. 하지만 우리는 하나님 아버지의 뜻이 이뤄지기를 간구해야 합니다. 그리고 그분의 뜻에 순종하려는 의지 또한 가져야 합니다. 하나님의 본체이자 생명의 주인 그리스도에게 그 같은 섬김을 받고도 다른 사람을 섬기지 않는다면 그것은 참으로 배은망덕한 것입니다. 우리를 죄에서 구원하려고 죽기까지 복종하신 그 놀라운 그리스도의 섬김을 받고도 그리스도의 몸 된 교회 안에서 서로를 세우려고 하지 않는다면 그것은 결코 신자다운 모습도, 그리스도의 은혜를 입은 자다운 모습도 아닐 것입니다.

공동체 안에는 참으로 다양한 사람들이 모여 있습니다. 가령 예수님의 제자들 중에는 가룟 유다와 같은 배신자도 있었습니다. 지상의 교회 역시 이러한 모습을 가질 수 있습니다. 다만 성경은 그런 모습이 있을 수 있음을 말하면서도 우리에게 하나님의 백성다운 모습으로 설 것을 권면합니다. 그리스도의 마음을 더욱 닮아 그 마음을 품고 드러내라는 것입니다.

우리 모두는 죽기까지 복종하신 그리스도로 말미암아 큰 은혜를 입었습니다. 말할 수 없는 혜택을 누리고 있습니다. 만일 우리가 그리스도처럼 자기를 끝까지 낮춰 하나님의 말씀에 순종하지 않는다면 그것은 곧 우리 자신의 존재를 부정하는 것과 다름없을 것입니다. 우리는 주님 곁으로 더욱 가까이 가려는 마음이 있어야 합니다. 또 그분의 마음을 함께 품고 따르려고도 해야 할 것입니다.

신자라면 그리스도의 마음을 품으라는 바울의 명령을 결코 피할 수 없습니다. 우리 주 예수 그리스도께서 죄인을 구원하려고 하나님의 뜻에 죽기까지 복종하셨기 때문입니다. 진실로 주님을 믿고 따르는 신자라면 이 사실을 항상 기억할 것입니다.

08

In your relationships with one another, have the same mindset as Christ Jesus.

그리스도의 마음 6
_ 십자가에서 죽으시다

: 곧 십자가에
죽으심이라

너희 안에 이 마음을 품으라 곧 그리스도 예수의 마음이니
그는 근본 하나님의 본체시나
하나님과 동등됨을 취할 것으로 여기지 아니하시고
오히려 자기를 비워 종의 형체를 가지사
사람들과 같이 되셨고 사람의 모양으로 나타나사
자기를 낮추시고 죽기까지 복종하셨으니
곧 십자가에 죽으심이라
이러므로 하나님이 그를 지극히 높여
모든 이름 위에 뛰어난 이름을 주사
하늘에 있는 자들과 땅에 있는 자들과 땅 아래에 있는 자들로
모든 무릎을 예수의 이름에 꿇게 하시고
모든 입으로 예수 그리스도를 주라 시인하여
하나님 아버지께 영광을 돌리게 하셨느니라
(빌립보서 2:5-11).

바울은 그리스도의 복종이 마침내 어떻게 이뤄졌는지를 말하고 있습니다. 그것은 바로 '십자가 죽음'입니다. 그리스도께서 십자가에서 죽으신 일은 결코 우발적인 사건이 아닙니다. 죄인을 구원하시려는 하나님 아버지의 뜻에 순종하셨기에 일어난 일입니다. 주님은 성부 하나님의 뜻에 따라 우리의 죄를 대신 지고 죽음을 맞기로 자원하셨습니다. 바울은 이 사실을 빌립보서 2장에서 거듭 강조합니다.

그리스도의 죽음을 생각할 때 가장 먼저 염두에 두어야 할 것은 그분이 기꺼이 원하셨던 죽음이라는 사실입니다. 그리고 그분의 죽음은 우리 인간들이 일반적으로 맞는 죽음과 확연히 다르다는 것입니다. 생명의 주이자 하나님의 아들인 그리스도의 죽음은 그 죽음의 조건과 성질을 감안할 때 어디에서도 찾아볼 수 없는 유일한 죽음이었습니다.

본문은 이어서 그리스도께서 어떠한 방식으로 죽음을 맞으셨는지 말합니다. 바로 십자가 처형입니다. 이 죽음은 그리스도께서 태어나시기 전부터 예언되었고 그분 또한 이러한 죽음을 맞게 되리라는 것을 예견하고 계셨습니다.

자신의 죽음을 미리 알고도 우리를 위해 기꺼이 죽음으로 나아가신 그리스도에 대해 뮐러는 다음과 같이 말했습니다. "말구유에서 십자가에 이르기까지 그분은 굴욕의 길을 밟으셨고, 그것은 나무 위에서 수치의 죽음이라는 비극과 고난과 비난에서 절정에 이르렀다. 하나님께 대한 순종과 하나님 뜻에 대한 복종과 헌신은 죽음에 이를 때까지 그에 의해서 지켜졌으며, 그 굴욕의 절정은 그의 죽음이 자연적이거나 명예로운 것이 아니라 십자가에서 고통스럽고 저주스러운 죽음을 당하는 것이다."23)

가장 고통스럽고 저주스러운 죽음으로

그리스도께서 당하신 십자가의 죽음은 가장 고통스럽고 저주받은 죽음이었습니다. 예수님 당시의 로마인들과 유대인들은 모두 이 십자가형을 매우 혐오했습니다. 특히 본문의 수신자인 빌립보교회에는 많은 로마 시민권자들이 있었는데 그들의 특권 중 하나가 바로 십자가형을 받지 않는 것이었습니다. 로마 시민들은 이 사실을 매우 자랑스럽게 여겼습니다. 키케로는 "십자가라는 이름은 로마 사람의 몸뿐 아니라 생각, 눈, 귀로부터 멀리 있다. 우리는 그것을 얘기하지도 않고 보지도 않는다"라고 말하기까지 했습니다. 실제로 로마 사람들은 정중한 모임이라면 십자가 처형 같은 것은 대화의 주제로도 삼지 않았습니다. 그 정도로 싫어한 것입니다. 그들에게 십자가의 죽음은 너무도 잔인하고 끔찍해서 생각조차 하기 싫은 그런 죽음이었습니다.

일반적으로 십자가형의 집행은 고문에서 시작됩니다. 형을 받게 될 죄수는 고문을 받은 후 자신이 져야 할 십자가를 형장까지 지고 갑니다. 형장에 다다르면 죄수는 손발에 못이 박힌 채 십자가에 매달립니다. 그리고 그 상태로 며칠 동안 있다가 결국 탈진하여 죽게 됩니다. 이 정도만 해도 매우 끔찍한데 형을 집행하는 사람들은 죄수들이 도망가는 것을 막기 위해 죄수의 무릎을 꺾어버리기까지 했습니다. 죄수들은 그토록 고통스러운 상태에서 십자가에 매달려 피를 다 쏟게 됩니다. 타는 것 같은 갈증과 배고픔을 느끼면서 그렇게 매달려 있었습니다. 새들이 날아와 그들의 눈을 쪼아대고 들짐승들이 달려들기도 했습니다. 십자가의 형벌이 이토록 끔찍했기에 당시 온 세상의 정복자였던 로마 사람들은 이러한 죽음에서 자신들을 배제했습니다.

십자가의 죽음을 로마 사람들만 혐오했던 것은 아닙니다. 유대인들도 성경에 근거하여 십자가에 매달리는 죽음을 매우 싫어했습니다. 그들은 "나무에 달린 자는 하나님께 저주를 받았음이니라"(신 21:23)는 말씀에 근거하여 나무에 달린 자를 이스라엘에 속하지 않은 자로 여겼습니다. 그런 유대인들에게 십자가는 거리끼는 것(고전 1:23)이었습니다. 그들은 자신들의 구원자가 그러한 죽음을 당할 것이라고는 도무지 생각하지 못했습니다.

이처럼 십자가의 죽음은 로마인과 유대인이 모두 기피하는 것이었습니다. 심지어 이방인들도 그리스도께서 십자가에 못 박혀 죽으셨다는 복음의 말씀을 받아들이기 힘들어했습니다. 상황이 이러하다 보니 1세기 이후의 기독교 변증가들은 십자가 복음을 전할 때 사람들의 부정적인 반응을 피하려고 여러 해명을 덧붙이기도 했습니다. 나중에는 아예 그리스도가 십자가에서 실제로는 죽지 않으셨다는 주장을 하는 사람까지 등장했습니다. 십자가를 말하면 복음을 받아들이지 않을 것이라 지레 생각하고 복이나 부활 같은 긍정적인 부분만 전하려고 한 것입니다.

하나님의 본체인 그리스도가 십자가에서 죽으셨다는 사실은 이처럼 모든 사람에게 거북하고 어리석은 걸림돌처럼 여겨졌습니다. 그럼에도 불구하고 주님은 그 고통스럽고 저주받은 죽음을 기꺼이 당하셨습니다. 태어나기도 전에 이미 예언되었던 비참한 십자가 죽음, 모두가 혐오하는 그 죽음으로 끝까지 나아가신 것입니다.

하나님 아버지에게도 버림받다

그리스도께서는 하나님과 동등됨을 취하지 않고 자신을 비울 때부터 이 십자가 죽음을 생각하셨습니다. 그분은 자신이 당할 죽음이 하나님의 저주와 심판에 의한 것임을 분명히 아셨습니다. 바울은 갈라디아서에서 이러한 죽음을 당하신 그리스도에 대해서 언급합니다. "그리스도께서 우리를 위하여 저주를 받은 바 되사 율법의 저주에서 우리를 속량하셨으니 기록된 바 나무에 달린 자마다 저주 아래에 있는 자라 하였음이라"(갈 3:13).

여기서 바울은 신명기 21장 23절을 그대로 인용하면서 하나님의 아들이 성경 말씀대로 나무에 달려 죽으셨다는 것을 강조합니다. 그리고 그의 죽음으로 인해 우리가 죄로 말미암은 저주에서 구원받게 되었다고 말합니다.

유대인에게는 걸림돌이요 이방인에게는 어리석은 것으로 여겨졌던 그리스도의 십자가는 죄인인 우리와 하나님의 화목을 이끌어낸 결정적인 사건이자 증거가 되었습니다. 바울은 이 사실을 크게 강조하면서 자신은 그리스도와 그의 십자가 외에는 아무것도 알지 아니하기로 작정했고(고전 2:2) 또 그리스도의 십자가 외에는 결코 자랑할 것이 없다고 말했습니다(갈 6:14).

우리는 그리스도의 십자가를 피상적으로 이해해서는 안 됩니다. 바울과 같이 십자가 외에는 아무것도 알지 아니하기로 결심하고, 십자가 외에는 자랑할 것이 없다고 고백할 정도로 그리스도와 그분이 지신 십자가를 알아가야 합니다.

그리스도께서 당하신 십자가의 죽음은 결코 우발적이거나 우연에 따른 결과가 아니었습니다. 예정된 대로 저주를 받아 죽은 죽음이었습니다. 주님은 나무에 달려 우리의 죄로 말미암은 저주를 모두 담당하는 죽음을 당하신 것입니다. 이 세상의 죄로 인한 저주와 고통이 전부 쏟아 부어지는 죽음이었습니다. 엄중하고 무서운 저주가 하나님 아버지로부터 퍼부어지는 가운데 당하는 죽음이었습니다.

십자가 위에서의 고통을 헤아려보십시오. 사람들은 예수님에게 온갖 공격과 조롱을 퍼부었고 엄청난 고통이 그분의 영혼과 육신에 가해졌습니다. 그러나 그중에서도 가장 끔찍한 것은 하나님 아버지에게 버림을 받으셨다는 것입니다.

헨드릭슨은 그리스도께서 십자가를 지신 일을 다음과 같이 묘사했습니다. "그리스도께서 십자가에 달려 계신 동안에 밑에서는 사탄과 그의 모든 부하 귀신들이 그를 맹렬히 공격하였고, 주위에서는 사람들이 조롱과 비난을 퍼부었으며, 위에서는 하나님이 저주의 상징인 어두움이 임하게 하셨고 그의 내부에서는 '나의 하나님, 나의 하나님, 어찌하여 나를 버리셨나이까' 하는 비통한 절규가 있었다. 그리스도께서 바로 이 지옥, 곧 갈보리의 지옥으로 내려오셨다."[24]

예수님은 피하실 곳이 어디에도 없었습니다. 십자가 밑에도, 하늘에도, 아버지 하나님에게도, 자신의 심령 깊은 곳에도 예수님은 피하실 수 없었습니다. 끔찍한 저주와 조롱, 엄청난 고통이 전방위적으로 퍼부어졌습니다. 진실로 주님이 당하신 십자가의 죽음은 사탄과 이 세상 모든 사람들뿐 아니라 하나님 아버지에게도 모든 저주를 받으신 그런 비참한 죽음이었던 것입니다.

어느 누구도 그리스도께서 당하신 이 죽음의 깊이를 헤아릴 수 없습니다. 그분이 죽음 가운데 겪으신 고통을 결코 이해할 수 없습니다. 그분은 죽음의 순간뿐만 아니라 죽음으로 나아가는 모든 과정 가운데 이 끔찍한 고통을 겪으셨습니다. 얼마든지 입을 열어 자신의 대적들과 엄습해오는 고통에 대항할 수 있었지만 끝까지 입을 열지 않으셨습니다. 다만 순종 가운데 묵묵히 나아가셨습니다. 마지막 죽음을 향해 걸음을 떼는 매 순간은 참혹한 고통이었지만 우리 주님은 하나님 아버지의 뜻에 순종하기를 스스로 택하셨습니다. 맥클라우드는 그리스도께서 죽음으로 나아가시던 그 마지막 과정을 성경에 근거하여 좀 더 상세히 기술했습니다.

"제3시부터 제6시까지의 괴로움은 지나가는 구경꾼과 서기관과 바리새인들 그리고 그를 십자가에 못 박은 자들의 삼중창으로 나오는 조롱(막15:29 이하)이 두드러지는 비교적 평온한 것이었다. 제6시부터 제9시까지는 어둠이 있었다. 이 어둠은 구주의 영혼에 드리워진 어둠에 대한 상징일 수 있으며 혹은 빛이 흑암과 싸우는 가운데 거의 탈진되었다는 것을 보여주는 것이라고 볼 수도 있을 것이다. 그리고 제9시에는 버림받으셨다. 그때에는 흑암과 공허함만 있었다. 아무 음성도 사랑도 함께하심도 없었다. 거룩의 임재를, 오직 무시무시한 하나님으로부터 버림받으신 것으로만 경험하는 시간이었다. … 베들레헴에서 갈보리까지의 매 순간은 결단에 의해서 선택된 것이었다. 그리고 제3시에서 제19시까지 십자가상에서의 매 순간도 결단에 의해서 선택된 것이었다. 주님은 이 땅에 살면서 매일매일 자기를 비우심을 재현하셔서 계속 자기를 비우시는 결심을 새롭게 하셨으며 거기에 따르는 수치와 고통으로 한걸음씩 더 들어가기를 선택하셨다. 그분은 자기 사람들을 사랑하셨다. 그리고 그 사랑이 어떤 대가를 요구하는지가 분명해졌을 때 그는 떨면서 자기 백성들의 죄의 합당한 것이 되는 데까지 나아갔다. 그는 그렇게 함으로써 자기 비우심의 또 다른 측면을 계시하셨다. 그는 그의 아버지의 사랑과 돌보심 가운데 자신을 전혀 아끼지 않고 기꺼이 던져 넣으셨다. 구렁텅이에 내려가면서 이 종은 자신의 운명에 대한 통제를 내던져버리고 있었다. 그리하여 그는 발타자르(Balthasar)가 말하는 이른바 자기 자신의 손에 있지 않은 미래에 믿음으로 자기를 내던지는 순수한 인간적 행위를 실천하였다."[25]

맥클라우드의 이러한 진술은 그리스도께서 자신의 미래를 하나님 아버지께 내어던지셨음을 말해줍니다. 생명의 창조자요 주권자인 분이 생명의 멈춤, 곧 죽음으로 기꺼이 나아가고자 하셨습니다. 더 나아가 죽음 이후에 있을 자신의 운명까지도 하나님 아버지께 맡기셨습니다. 이 순종에는 진실로 아슬아슬한 위험이 도사리고 있었습니다.

그리스도가 경험한 세 가지 죽음

주님이 죽음의 전 과정을 통해 겪으신 모든 일은 우리를 위한 것이었습니다. 그분은 우리의 모든 죄를 짊어지셨고 우리가 당해야 할 모든 저주와 고통을 감당하며 죽으셨습니다. 우리가 지불해야 하는 죄의 삯을 그분이 전부 지불하셨기에 우리는 결국 구원을 받게 된 것입니다. 이처럼 우리 주 예수 그리스도께서는 죽음의 진정한 실체, 구원받을 모든 사람이 당해야 했던 죽음 전체를 당하셨습니다.

주님이 죽음의 모든 것을 경험하셨다는 것은 곧 세 가지의 죽음을 모두 경험하셨다는 의미입니다. 즉 주님은 첫째, 영혼과 육체가 분리되는 죽음을 죽으셨고 둘째, 하나님에게서 분리되는 영적 죽음을 죽으셨으며 셋째, 죄에 대한 최종 심판으로서의 형벌인 둘째 사망까지 모두 십자가 위에서 죽으셨습니다("사망과 음부도 불못에 던져지니 이것은 둘째 사망 곧 불못이라"[계 20:14]. 둘째 사망이란 세상 종말에 하나님의 최후 심판으로 이뤄질 영원한 멸망을 가리킨다-편집자 주). 주님은 세 가지 죽음을 모두 당함으로써 우리를 모든 죽음에서 해방해주셨습니다.

그리스도의 대속적인 죽음으로 인해 우리는 이제 하나님과 분리된 상태인 영적 죽음에서 벗어나게 되었습니다. 그리고 하나님과 화목을 이루면서 그분을 아버지라고 부르며 교통할 수 있게 되었습니다. 물론 영혼과 육체가 분리되는 죽음은 여전히 남아 있습니다. 하지만 그것은 더 이상 우리 자신의 죗값을 치르는 죽음이 아닙니다. 신자인 우리가 맞이할 죽음은 우리의 몸과 영혼이 더 이상 죄를 짓지 않는 영화로운 상태에 이르기 위한 변화 과정으로서의 죽음입니다. 영원한 죽음, 곧 둘째 사망에 대해서도 우리는 전혀 관계없는 자가 되었습니다. 이 모든 것이 우리 주 그리스도께서 우리를 위해 모든 죽음을 담당하신 결과입니다.

얼마나 기이하고 놀라운 일입니까? 십자가의 죽음에는 이토록 굉장한 아이러니가 드러나 있습니다. 생명의 주께서는 죽음, 곧 생명의 멈춤으로 나아가시고 영원히 죽어야 할 우리는 도리어 모든 죽음에서 해방되어 영생으로 나아가게 되었습니다. 그야말로 그리스도께서 죽으심으로써 우리가 살아났습니다. 그분은 기꺼이 우리를 위해 참혹한 죽음으로 나아가기를 택하셨습니다.

우리는 이러한 그리스도의 마음을 알아야 합니다. 자신의 모든 것, 곧 자신의 생명과 미래의 운명까지도 우리를 위해 기꺼이 내어던지신 그분의 마음을 알아야 합니다. 그리고 그 마음을 품기를 소망해야 하며 그 마음으로 행하기에 힘써야 합니다. 우리가 정녕 그리스도에게서 영원한 생명과 온갖 풍성한 영적 유익을 얻었다면 반드시 그리해야 합니다.

그리스도의 마음을 품으라는 명령은 다른 사람이 아닌 바로 우리 자신에게 내려진 명령입니다. 다른 사람을 신경 쓸 필요가 없습니다. 그저 우리도 주님을 따라 자신을 내어주며 다른 사람을 위하는 자로 서야 합니다. 만약 이러한 하나님의 말씀을 듣고도 그리스도의 마음을 품으려 하지 않는다면 그는 그리스도께서 행하신 일을 그저 지식적으로 받아들이는 수준에 머물러 있는 셈입니다.

억울한 고난도 견뎌낼 수 있는 이유

그리스도의 마음을 알려주는 6-8절에 이어 9-11절은 죽기까지 복종하신 그리스도에 대해 하나님이 어떻게 반응하셨는지를 말해줍니다. 이는 그리스도와 연합한 우리가 그분의 마음을 품고 행할 때 하나님이 우리에게 어떻게 행하실 것인지 시사해주는 것이기도 합니다.

우리가 그리스도 예수의 마음을 품고 그분의 뒤를 따라 다른 사람들을 섬기며 때로 고난을 당할 때 하나님은 우리의 중심과 상황을 다 아십니다. 정말 죽을 것만 같은 고통을 겪고 있더라도 주님은 그것이 우리의 결론이 아니라고 말씀하십니다. 하나님은 낮아진 그리스도를 일으키고 높이셨듯이 우리 역시 인정하고 높이실 것입니다. 우리는 이러한 하나님을 기억하고 더욱 그리스도의 뒤를 따라야 합니다.

그리스도의 십자가로 인해 죽음의 모든 것에서 해방되고 하나님과 화목하게 되었음에도 다른 사람을 섬길 수 없다고 생각하며 겸손한 마음을 품지 않는 것은 그리스도의 십자가와 그분의 죽음을 욕되게 하는 것입니다. 기독교의 중심, 곧 십자가의 죽음으로 이뤄진 모든 것을 짓밟는 것과 마찬가지입니다.

같은 말씀, 같은 진리 안에서 신앙생활을 하더라도 각자의 환경과 성장 배경이 다르기 때문에 우리의 이해는 제각각일 수 있습니다. 저마다 자기가 들은 말씀을 주관적으로 해석하여 자기방어의 수단으로 삼고 다른 사람을 판단하거나 정죄하는 근거로 사용할 수도 있습니다. 어떤 사람은 말씀을 듣고도 자신에게는 별다른 문제가 없고 다른 사람이 그 말씀을 들어야 한다고만 생각하기도 합니다.

하지만 바울은 빌립보서 2장을 통해 그리스도 예수의 마음을 말하면서 타인을 판단하지 말라고 당부합니다. 그리스도께서 그러셨던 것처럼 다른 사람을 낫게 여기고 겸손한 마음으로 행해야 할 사람은 다른 누가 아닌 '나' 자신입니다. '내'가 바로 하나님의 본체인 그리스도께서 자신을 낮춰 구원의 복을 허락하신 사람이기 때문입니다. 우리는 이 사실을 늘 중심에 두며 남을 탓하지 말고 겸손히 섬기고자 해야 합니다.

각자의 성장 배경과 주관이 어떠하든지, 우리는 예수 그리스도의 마음을 품고 자기 연민, 자기중심성 등 우리를 얽매던 것들을 내려놓아야 합니다. 어떻게 하면 주님을 닮을 수 있을지, 그분의 마음을 품고 행할 수 있을지를 늘 고민해야 합니다.

　존귀한 영광의 주님이 사람들에게 그처럼 처참하게 짓밟히고 굴욕을 당하신 일에 비하면 우리가 다른 사람에게 받는 굴욕과 무시, 상처는 견딜 만한 것들입니다. 바울은 그리스도께서 우리를 위하여 행하신 놀라운 일, 곧 자기를 비우고 낮춰 구원의 은혜를 베푸신 일을 기억하라고 말합니다. 기억한다면 우리는 끝까지 인내하며 다른 사람을 나보다 낫게 여기는 겸손한 마음을 갖게 될 것입니다.

　그러므로 자신에게 되물어보십시오. 바울이 말한 그리스도의 마음을 알고 있는지 그리고 그 마음을 어떻게든 품으려고 애쓰고 있는지 말입니다. 9-11절 말씀은 그와 같은 겸손과 낮아짐에 무엇이 뒤따르는지 보여줍니다. 그리스도처럼 자신을 부인하지 않는 자는 주님과 함께 부활의 영광에 참여할 수도 없고 하나님이 높여주실 것이라 기대할 수도 없습니다. 그것만 취하려는 것은 실용주의에 물든 거짓 복음의 신앙일 뿐입니다.

　바울의 권면에 진실하게 반응하십시오. 어떤 어려움에 놓여 있더라도 그리스도께서 나를 위해 행하신 일을 기억하십시오. 그리고 그분을 따라 그분의 마음을 품으십시오.

In your relationships
with one another,
have the same mindset
as Christ Jesus.

**너희 안에 이 마음을 품으라
곧 그리스도 예수의 마음이니
(빌 2:5).**

09

In your relationships with one another, have the same mindset as Christ Jesus.

하나님의 행함 1
_ 주권을 드러내시다

: 이러므로 하나님이 그를
  지극히 높여

너희 안에 이 마음을 품으라 곧 그리스도 예수의 마음이니
그는 근본 하나님의 본체시나
하나님과 동등됨을 취할 것으로 여기지 아니하시고
오히려 자기를 비워 종의 형체를 가지사
사람들과 같이 되셨고 사람의 모양으로 나타나사
자기를 낮추시고 죽기까지 복종하셨으니
곧 십자가에 죽으심이라
이러므로 하나님이 그를 지극히 높여
모든 이름 위에 뛰어난 이름을 주사
하늘에 있는 자들과 땅에 있는 자들과 땅 아래에 있는 자들로
모든 무릎을 예수의 이름에 꿇게 하시고
모든 입으로 예수 그리스도를 주라 시인하여
하나님 아버지께 영광을 돌리게 하셨느니라
(빌립보서 2:5-11).

빌립보서 2장 1-4절은 다툼과 허영 대신 겸손한 마음으로 다른 지체를 대하라는 바울의 권면을 담고 있습니다. 뒤이어 6-8절은 이에 대한 완전한 모범으로 예수 그리스도를 제시합니다. 문맥의 흐름상 두 내용은 자연스럽게 연결됩니다. 그런데 9-11절에는 이런 흐름과는 다소 동떨어져 보이는 내용이 나옵니다. 오히려 8절에서 그리스도의 마음을 품고 행하는 데 강조점을 둔 12절 이하의 내용으로 곧바로 이어지는 것이 더 자연스러워 보입니다.

이렇게 다소 어색하게 느껴질 수 있는 9-11절의 내용이 8절 뒤에 포함된 이유를 교리적으로 간단히 답한다면 8절의 내용은 그리스도의 낮아짐에 관한 말씀이고 9절 이하는 높아짐에 대한 말씀이라고 할 수도 있을 것입니다. 그러나 여기서 놓쳐서는 안 될 사실은 바울이 단순히 교리 지식의 전달을 목적으로 빌립보서를 기록하지 않았다는 것입니다. 9-11절 또한 8절의 내용에서 연결되는 어떤 교훈을 강조하기 위해 언급된 것입니다.

그 교훈이 무엇인지 헤아려 알고 그것을 받으려면 우리는 먼저 9절에서 주어가 바뀌고 있다는 사실을 주목해야 합니다. 8절까지는 주어가 하나님의 아들이었습니다. 그런데 9절부터는 하나님이 주도자가 됩니다. "이러므로 하나님이 그를 지극히 높여"라고 기록되어 있습니다. 특히 여기서 '이러므로'라는 단어는 앞선 8절까지의 내용을 받는 말로서, 이제부터는 8절까지 언급한 주님의 낮아짐에 대해 하나님이 어떻게 반응하셨는지 말하겠다는 표지와도 같은 말입니다. 바울은 이렇게 9절 이하의 내용을 시작하면서, 자기를 비우고 낮춰 죽기까지 순종하신 예수 그리스도에 대해 하나님은 '그를 지극히 높이시는' 반응을 했다고 말합니다. 우리는 이 같은 내용의 전환을 잘 살펴봐야 합니다.

사도신경은 하나님이 그리스도를 지극히 높이신 일을 세 가지 내용으로 요약해서 말합니다. 곧 죽은 자 가운데서 살리신 것, 하늘에 올리신 것 그리고 하나님 우편에 앉게 하신 것입니다. 한편 본문은 이 세 가지 내용을 '지극히 높여'라는 표현으로 요약합니다. 그리고 뒤이어 "모든 이름 위에 뛰어난 이름을 주사 하늘에 있는 자들과 땅에 있는 자들과 땅 아래에 있는 자들로 모든 무릎을 예수의 이름에 꿇게 하시고 모든 입으로 예수 그리스도를 주라 시인하여 하나님 아버지께 영광을 돌리게 하셨느니라"(빌 2:9-11)고 덧붙여 진술합니다. 여기서 중요한 것은 본문이 이 모든 일의 주체를 '하나님'으로 말하고 있다는 것입니다.

교만한 자를 낮추시고 겸손한 자를 높이시는 하나님

그리스도를 지극히 높이신 하나님의 반응을 통해 우리는 하나님이 우리 삶에 적용하시는 한 가지 중요한 원리를 확인하게 됩니다. 그것은 바로 자신을 비워 낮추는 자는 높이시고, 반대로 자기를 높이는 자는 낮추신다는 것입니다. 하나님은 이를 사람에게만 아니라 천사와 같은 모든 영적 존재들에도 적용하십니다. 선지서들의 기록을 보면 하나님이 모압과 암몬, 블레셋, 바벨론과 같은 이방 나라들의 교만함까지도 낮추셨다는 사실을 알 수 있습니다. 실제 역사 속에서도 하나님은 이 원리를 적용하셨던 것입니다.

그런데 사람이 만든 수많은 종교나 철학 등은 이러한 하나님의 원리를 하나의 도덕률로 축소합니다. 그 원리가 누구에게서 와서 실행되는지 또 어떻게 적용되는지도 알지 못하면서 그저 인간이 추구해야 하는 보편적이고 도덕적인 덕목이나 가치 정도로만 생각합니다.

이처럼 사람들은 이 원리를 행하시는 주체가 누구인지 알지 못하고 또 알려고도 하지 않지만 성경은 이 원리의 주관자가 누구인지 분명히 밝혀줍니다. 그분은 바로 하나님입니다. 온 세상 만물의 주권자인 하나님은 일반 은총과 특별 은총 영역 모두에서 본문이 말하고 있는 원리를 직접 주도하십니다. 하나님은 실로 자기를 비워 낮추는 자를 높이십니다. 겸손한 자가 높아지고 교만한 자가 낮아지는 현상을 사람들은 그저 세상사 가운데 흔히 있는 일 정도로 여기지만 이 원리가 세상 역사와 개개인의 삶의 영역에 적용되어 나타나는 것은 그 원리를 하나님이 직접 행사하시기 때문입니다.

그러므로 '하나님이' 겸손한 자를 높이신다는 사실을 아는 사람과 모르는 사람 사이에는 매우 큰 차이가 있습니다. 본문이 말하는 원리는 사회에 일반적으로 나타나는 원리로서도 중요하지만 특별히 그리스도의 몸 된 교회, 곧 하나님의 백성 공동체에 속한 자로서 구원의 여정을 걷는 이들에게 적용되어 나타난다는 면에서 그리고 이들의 궁극적인 운명에 적용된다는 면에서 더욱 중요합니다.

성경은 하나님이 이 원리에 따라 행하셨음을 많은 곳에서 반복하며 강조합니다. 그만큼 이 원리는 우리의 인생과 결정적으로 관련되어 있습니다. 예수님은 다음과 같이 말씀하셨습니다. "그러므로 누구든지 이 어린 아이와 같이 자기를 낮추는 사람이 천국에서 큰 자니라"(마 18:4). "누구든지 자기를 높이는 자는 낮아지고 누구든지 자기를 낮추는 자는 높아지리라"(마 23:12).

중요한 것은 '누가' 스스로 높이는 자를 낮추고 스스로 낮추는 자를 높이는가입니다. 이 일을 행하시는 분은 하나님입니다. 이는 빌립보교회의 성도들뿐만 아니라 예수 그리스도를 믿는 모든 교회 공동체의 구성원들이 알아야 할 사실입니다. 빌립보서 2장 9절 이하 내용의 핵심은 6-8절과 같이 하나님에게 자신을 내어던지셨던 주님의 '그 이후'를 하나님이 주도하신다는 것입니다. 예수 그리스도는 스스로 자신을 높이지 않았고 그것을 요구하지도 않으셨습니다. 도리어 자기를 비워 '죽기까지' 복종하셨습니다. 그러한 그리스도를 높이신 분은 오직 하나님이었습니다.

낮아지신 주님을, 하나님이 높이셨다

하나님은 예수 그리스도의 성육신 이전의 위치, 곧 모든 피조물보다 탁월했던 지위를 회복시키셨습니다. 그리고 그에 걸맞은 위엄과 영광 또한 회복시켜 그 영광 가운데 하나님 우편에 있게 하셨습니다. 이것이 바로 예수님에 대한 하나님의 높이심입니다. 하나님은 "여호와여 주는 온 땅 위에 지존하시고 모든 신들보다 위에 계시니이다"(시 97:9)라는 시편의 말씀을 그대로 드러내셨습니다.

그런데 이 하나님의 높이심은 예수 그리스도를 죽은 자 가운데서 일으키신 일에서 시작됩니다. 바울은 이를 에베소서에서 다음과 같이 묘사했습니다.

> "그의 능력이 그리스도 안에서 역사하사 죽은 자들 가운데서 다시 살리시고 하늘에서 자기의 오른편에 앉히사 모든 통치와 권세와 능력과 주권과 이 세상뿐 아니라 오는 세상에 일컫는 모든 이름 위에 뛰어나게 하시고 또 만물을 그의 발 아래에 복종하게 하시고 그를 만물 위에 교회의 머리로 삼으셨느니라"(엡 1:20-22).

여기서도 바울은 하나님을 주어로 사용하여 하나님의 높이심을 매우 정확하게 묘사합니다. 예수님이 십자가에 달려 죽고 장사되셨을 때 어느 누구도 예수님이 이토록 극적으로 높아지리라는 것을 상상할 수 없었을 것입니다. 우리는 예수님의 부활 사건을 익히 알고 있기에 성경이 말하는 이러한 사건의 흐름을 자연스럽게 여기며 쉽게 지나칠 수 있습니다. 예수님이 장사되어 무덤에 묻혔다가 부활하여 승천하신 것을 하나의 공식처럼 여길 수 있다는 것입니다. 그러나 낮아지고 죽으셨던 그리스도께서 다시 살아나고 높아지신 것은 그저 있을 법한 자연스러운 일이 결코 아닙니다. 우리는 그리스도를 높이신 분이 바로 하나님이라는 진술에 주목해야 합니다.

예수님이 자기를 비워 순종함으로 십자가에 죽으셨을 때는 모든 것이 다 끝난 것처럼 보였습니다. 그 이후를 생각할 수 없는 상황이었습니다. 그러나 성경은 그 이후, 그 다음을 말합니다. 그 다음은 다름 아니라 그리스도의 낮추심에 대한 하나님의 반응이었습니다. "이러므로 하나님이 그를 지극히 높여"(빌 2:9). 즉 예수님의 순종에 대한 하나님의 구체적인 행동이 뒤따랐던 것입니다.

베드로는 이 일을 직접 목격했습니다. 그래서 그는 자신이 봤던 것, 즉 그리스도의 낮추심에 대한 하나님의 반응을, 오순절을 지내기 위해 예루살렘에 모인 사람들에게 다음과 같이 증거했습니다. "이 예수를 하나님이 살리신지라 우리가 다 이 일에 증인이로다 하나님이 오른손으로 예수를 높이시매 그가 약속하신 성령을 아버지께 받아서 너희가 보고 듣는 이것을 부어 주셨느니라"(행 2:32-33).

바울도 로마서를 통해 이 사실을 함께 증거했습니다. "누가 정죄하리요 죽으실 뿐 아니라 다시 살아나신 이는 그리스도 예수시니 그는 하나님 우편에 계신 자요 우리를 위하여 간구하시는 자시니라"(롬 8:34). 앞서 인용한 에베소서 1장 20절의 말씀 또한 "자기의 오른편에 앉히사"라는 표현을 통해 같은 내용을 말합니다. 이 모든 말씀은 하나님의 주도하에 예수 그리스도께서 하늘에 올려지셨고 하나님이 그를 자신의 우편에 앉히셨다는 것을 증언합니다.

한편 히브리서 기자는 "그러므로 우리에게 큰 대제사장이 계시니 승천하신 이 곧 하나님의 아들 예수시라"(히 4:14)고 말하며 위의 말씀과는 조금 다르게 표현합니다. 여기서는 예수 그리스도께서 자신을 스스로 하늘에 올리신 것으로 말합니다. 그러나 바울와 베드로의 진술이 배치된다고 생각할 필요는 없습니다. 왜냐하면 죽은 자 가운데서 그리스도를 살리신 것은 하나님이지만 부활 이후 그분이 높아지신 데에는 승리하신 주님 자신의 능력과 의지가 작용한 측면도 있기 때문입니다. 히브리서 기자가 그리스도를 능동적인 승천의 주체로 설명한 것은 이런 차원에서 이해할 수 있습니다.

그러나 지금 살피고 있는 빌립보서 2장 그리고 에베소서 1장이 말하는 바는 분명합니다. 그리스도를 다시 살리고 또한 하늘에 올리신 궁극적 주체는 하나님이라는 것입니다. 바울은 이 말씀을 통해 죽기까지 자신을 낮추신 그리스도의 마음에 하나님이 어떻게 반응하셨는가를 강조합니다.

그리스도의 마음에 하나님이 반응하시다

그리스도의 복종에 대한 하나님의 반응은 단지 기계적 보상이 아니었습니다. 하나님은 그리스도의 마음을 구체적으로 아는 가운데 그에 맞게 반응하셨습니다. 앞서 봤듯이 그리스도는 자신의 생명과 운명에 대한 모든 통제권을 성부 아버지께 맡기셨습니다. 자신의 모든 것이 하나님에 의해 좌우되는, 위험한 처지에 자신을 놓으셨던 것입니다.

이처럼 그리스도는 하나님의 뜻이 이뤄지는 것을 자신의 가장 소중한 가치로 여기셨습니다. 그분은 죄인인 우리의 구원을 위해 순종을 요구하신 하나님의 뜻을 기꺼이 따랐습니다. 하나님과 동등됨을 취하거나 자신의 영광을 계속 움켜쥐지도 않으셨습니다. 신성을 가졌으나 끝내 자신을 비워 종의 형체를 지니며 자기를 낮추셨습니다. 이토록 주님은 하나님의 뜻을 소중히 여기며 하나님을 신뢰하는 가운데 십자가라는 저주의 장소까지 기꺼이 나아가셨던 것입니다.

주님은 하나님 아버지께 온전히 순종함으로써 하나님에 대한 신뢰와 사랑을 드러내셨습니다. 그리고 하나님은 이러한 그리스도를 아시고 그를 죽은 자 가운데서 살려 하늘에 올리셨습니다. 그리스도의 마음을 알고 인격적으로 반응하신 것입니다.

자신을 낮추는 자가 높아지며 스스로 높이는 자가 낮아지는 것은 기계적으로 적용되는 원리가 아닙니다. 그렇게 하는 자의 마음을 구체적으로 아시는 하나님이 적용하여 행하시는 것입니다. 하나님은 이 원리를 우리에게 계속하여 말씀하셨으며 또한 자신이 말한 원리대로 지금까지 행하고 계십니다.

한편 그리스도께서도 하나님 아버지가 그처럼 자신을 낮추는 자를 높이시는 분임을 알고 계셨습니다. 주님은 그러한 아버지를 신뢰하며 사랑하는 마음으로 순종하신 것입니다. 그리고 하나님은 이런 그리스도의 마음을 아시고 그 마음과 순종의 행위에 반응하여 그리스도를 높이셨습니다.

'이러므로 하나님이!'의 믿음을 가지라

하나님은 그리스도만 아니라 그분과 같이 자기를 비워 낮추는 자들을 분명히 알고 계십니다. 그리고 그들을 아는 가운데 그들을 높이십니다. 우선 우리는 하나님이 그리스도를 높이셨다는 사실을 분명하게 알아야 합니다.

하나님은 죽기까지 순종하신 그리스도에게 온 우주의 통치권과 교회를 다스리는 권세를 주셨습니다(엡 1:21-22). 그리고 하늘과 땅에 있는 모든 자들이 예수의 이름 앞에 무릎 꿇게 하셨으며 모든 입이 그리스도를 주라 시인하게 하셨습니다(빌 2:10-11). 바울은 "하나님이 그를 지극히 높여"라는 표현에서 특별히 '높이다'에 해당하는 동사를 과거시제로 기록했습니다. 이것은 하나님이 그리스도를 죽은 자 가운데서 일으킬 때부터 그를 이미 높이셨다는 것을 의미합니다. 하나님이 그리스도를 높이셨던 모든 일은 이처럼 확고했음을 강조한 표현입니다.

그리스도께서 자기를 낮추신 내용에 뒤이어 왜 "이러므로 하나님이 그를 지극히 높여"가 따라오는지 생각해보십시오. 이런 하나님의 높이심이 없다면 신자 된 우리는 현실에 절망할 수밖에 없습니다. 사람들에게 무시와 박해를 받는 것이 하나님을 섬기는 우리의 마지막이라면 우리의 모든 수고로운 삶은 허망할 뿐입니다.

그러나 성경은 우리에게 "이러므로 하나님이!"라고 말합니다. 신자는 이 말씀을 통해 스스로 높이려는 자는 낮추시고 자기를 비워 낮추는 자는 높이시는 하나님을 알게 됩니다. 그리고 이 말씀대로 주님의 마음을 본받아 그분이 가신 길을 따를 때 실제로 그처럼 인격적인 하나님을 경험하게 됩니다. 우리가 주님처럼 기꺼이 자신을 낮추려고 나아갈 수 있는 근거가 바로 여기에 있습니다.

이러한 하나님을 단순히 지식이 아니라 실제 하나님과의 관계 속에서 이해하는 것은 신자에게 매우 중요합니다. 피조물에 불과한 우리는 하나님의 본체인 그리스도만이 가능했던 '유일한 낮아짐과 높아짐'을 경험할 수 없습니다. 하지만 주님이 보이신 본을 따라 자신을 낮추고 다른 지체들을 섬길 수 있습니다. 하나님은 그리스도 안에서 그와 같이 자신을 낮추는 우리를 알고 반드시 높이실 것입니다. 앞서 말한 것처럼 기계적으로가 아니라 인격적인 관계 속에서 그렇게 행하실 것입니다.

또 기억해야 할 사실은 하나님의 높이심이 이 땅에만 국한되지 않는다는 것입니다. 장차 우리에게 있게 될 영화, 곧 궁극적으로 영원히 높아지는 일을 통해서도 하나님의 높이심이 나타나게 될 것입니다. 이처럼 "이러므로 하나님이"라는 말씀 속에는 우리의 궁극적 상태까지도 포함되어 있습니다. 바울이 뒤에서 "우리의 낮은 몸을 자기 영광의 몸의 형체와 같이 변하게 하시리라"(빌 3:21)고 말했던 것도 이런 이유 때문입니다.

교회 공동체 안에 있으면서도 경솔하게 행동하고 지체들을 함부로 대하는 것은 본문 말씀의 주어가 '하나님'임을 온전히 알지 못하기 때문입니다. 교만한 자를 낮추고 겸손한 자를 높이는 그 놀라운 일을 행하시는 분이 바로 하나님임을 알지 못하기 때문입니다.

이 한 가지 사실을 잊지 마십시오. 우리 하나님은 그리스도께 그러셨듯이 그분을 본받아 자신을 낮추고 겸손히 행하는 자를 반드시 높이십니다. 이는 그분의 성품과 말씀에 비춰볼 때 지극히 자연스럽고 또 확실한 일입니다.

"이러므로 하나님이 그를 지극히 높여"라는 이 말씀을 항상 의식하며 사십시오. 높이시는 하나님을 기억한다면 우리는 아무리 어렵고 힘든 현실에서도 끝내 큰 위로와 기쁨을 얻게 될 것입니다.

신자의 영적 성숙은 그리스도를 닮아 자기를 비우고 겸손히 행하는 것과 깊이 관련되어 있습니다. 아직도 공동체 지체들과의 관계 속에서 인색하고 부정적이고 파괴적인 말을 일삼고 있다면 꼭 말씀에 비춰 자신을 돌아보십시오. 성경은 거짓된 말, 원망과 시비를 삼가고 나보다 남을 낫게 여기며 겸손히 행하라고 오늘도 명령합니다. 그리고 그렇게 하면 하나님이 반드시 높이실 것이라고 약속합니다. 우리 모두가 이 하나님을 경험하게 되길 바랍니다.

10

In your relationships with one another, have the same mindset as Christ Jesus.

하나님의 행함 2
_ 자기를 비우고 맡긴 주를 높이시다

: 이러므로 하나님이 그를
  지극히 높여

너희 안에 이 마음을 품으라 곧 그리스도 예수의 마음이니
그는 근본 하나님의 본체시나
하나님과 동등됨을 취할 것으로 여기지 아니하시고
오히려 자기를 비워 종의 형체를 가지사
사람들과 같이 되셨고 사람의 모양으로 나타나사
자기를 낮추시고 죽기까지 복종하셨으니
곧 십자가에 죽으심이라
이러므로 하나님이 그를 지극히 높여
모든 이름 위에 뛰어난 이름을 주사
하늘에 있는 자들과 땅에 있는 자들과 땅 아래에 있는 자들로
모든 무릎을 예수의 이름에 꿇게 하시고
모든 입으로 예수 그리스도를 주라 시인하여
하나님 아버지께 영광을 돌리게 하셨느니라
(빌립보서 2:5-11).

빌립보서 2장 9절은 그리스도를 높이신 분이 바로 하나님이라고 말해줍니다. 사도신경 고백과 같이 그리스도께서 부활한 후 하늘에 올라가 보좌 우편에 앉게 된 것 모두가 하나님의 높이심으로 이뤄진 일입니다. 다만 히브리서 4장은 그리스도께서 능동적으로 높아지신 것으로 말하기도 합니다.

언뜻 보기에 서로 대비되는 말씀처럼 보이기에 우리의 머릿속에는 다음과 같은 의문이 생길 수 있습니다. '과연 그리스도는 스스로 부활하실 수 없었던 걸까?', '하나님이 부활하게 하신 이후에만 그리스도는 능동적으로 자신을 높일 수 있었던 걸까?' 이와 관련해 많은 사람들은 그리스도가 장사되실 때 그분의 신성에 어떠한 변화가 있었는지 궁금해합니다. 이는 그리스도께서 한 인격 안에 신성과 인성을 동시에 취하신 신비에 관한 것이기도 합니다.

그러나 인간의 이성으로 이 신비를 헤아리기란 참으로 어렵습니다. 성경이 아무리 자세히 증언한다 하더라도 한계가 분명 존재합니다. 게다가 죽은 후 부활하여 영화롭게 되었음에도 여전히 신성과 인성을 함께 갖고 계신다는 사실은 더욱 이해하기 힘듭니다.

우리는 이 신비를 염두에 두고 바울이 진술한 것을 살펴야 합니다. "하나님이 그를 지극히 높여"라는 말씀은 그리스도께서 신성과 인성을 함께 지닌 상태에서 경험하신 것에 대한 말씀이기 때문입니다. 성경에 기록된 '그리스도의 낮아짐과 높아짐'은 모두 그리스도께서 신성과 인성을 동시에 취하신 상태에서 이뤄진 일입니다. 또한 성경은 장차 있을 재림의 때에도 그리스도께서 영혼과 육체가 모두 영화롭게 된 채로 우리에게 오실 것이라고 말합니다.

그리스도의 죽음에 관해 생각해볼 두 가지

그렇다면 "아버지 내 영혼을 아버지 손에 부탁하나이다"(눅 23:46)라고 말씀하며 운명하셨을 때 그리스도께는 과연 어떠한 일이 일어났던 것일까요?

여기서 우리는 그리스도께서 '신성과 인성을 동시에 지닌 한 인격으로 죽으셨다'는 사실을 분명히 해야 합니다. 신성을 가졌기에 죽음을 쉽게 지나셨으리라고 생각해서는 안 됩니다. 그분의 인격 안에는 신성과 인성이 함께 존재했습니다.

성경을 토대로 우리는 그리스도의 죽음에 대한 두 가지 사실을 생각해볼 수 있습니다. 첫째, 그리스도의 죽음은 구원받을 자들과 연합된 죽음이요, 부활 역시 그들과 연합된 부활이라는 것입니다(롬 6:3-5). 두 번째는 인간의 영혼을 구원하는 일은 오직 하나님 아버지가 하신다는 것입니다.

예수님과 함께 십자가에 달린 강도가 "예수여 당신의 나라에 임하실 때에 나를 기억하소서"(눅 23:42) 하며 간구할 때 주님은 "오늘 네가 나와 함께 낙원에 있으리라"(눅 23:43)고 대답하셨습니다. 그리스도께서 입으신 인성은 우리와 같이 육체와 영혼으로 구성되어 있습니다. 죽음을 맞이하셨을 때 그분의 육체는 무덤에 장사되었고 영혼은 앞서 십자가에서 기도하신 바와 같이 하나님 아버지께 이르게 되었습니다. 강도에게 약속하신 대로 주님 역시 구원받은 자의 영혼과 함께 아버지의 품, 곧 낙원에 이르신 것입니다. 이는 그분과 연합된 신자가 장차 겪게 될 경험을 먼저 보여주는 것이기도 합니다.

한편 베드로는 그리스도의 영혼이 어디를 향하셨는지에 대해 "그가 또한 영으로 가서 옥에 있는 영들에게 선포하시니라"(벧전 3:19)고 말했습니다. 이에 대해 수많은 견해들이 제기되었습니다. 로마가톨릭교회는 이를 두고 그리스도께서 사후에 연옥에 내려가 구약 시대를 살았던 믿음의 조상들을 구원하셨다고 주장합니다.

동방정교회는 주님이 지옥에 가신 이유가 사탄을 제압하고 인류를 구원하기 위해서라고 합니다. 루터파들은 예수님이 지옥에서 사탄에 대한 승리의 행진을 하셨다고도 말합니다. 그러나 이 모든 주장들은 성경이 말하는 바가 아니라 인간의 상상에서 비롯된 것입니다.

개혁 교회는 이들과 달리 성경의 진술 안에서만 그리스도의 죽음 이후를 설명하고자 합니다. 그리스도께서는 승리를 취하기 위해 혹은 승리의 행진을 하기 위해 지옥에 내려가시지 않았습니다. 그분은 우리의 죄를 대신 짊어지고 죄의 삯을 지불하기 위해 십자가 죽음을 당할 때 이미 온전한 승리를 이루셨습니다.

참 하나님이요 참 사람으로서 죽으시다

우리가 주목해야 하는 것은 주님이 당하신 십자가 위의 죽음입니다. 십자가 위에서 주님은 세 가지 죽음을 모두 경험하셨습니다. 세 가지 죽음이란 앞서 말한 대로 영혼과 육체가 분리되는 죽음, 하나님에게서 분리되는 죽음 그리고 최후 심판의 결과로 맞게 되는 죄의 형벌인 영원한 죽음입니다. 이 세 가지 죽음과 육체의 장사는 모두 우리가 치러야 할 죄의 대가와 결부되어 있습니다.

우리 대신 죽음을 당한 후 그분의 육체는 3일 동안 무덤에 뉘어졌고 그분의 영혼은 아버지께 의탁되었습니다. 문제는 여기서 그리스도의 육체와 영혼의 분리가 일어났다는 것입니다. 이 때문에 많은 사람들은 그분의 신성과 인성의 연합에도 어떠한 변화가 일어났는지 궁금해합니다.

하지만 여기서 우리는 그리스도의 인성과 신성이 한 인격 안에 함께 하고 있다는 사실을 기억해야 합니다. 죽음 이전에 주님의 육체는 신성과 함께 한 인격 안에 존재했습니다. 다만 우리의 죄를 대신 지고 중보자로서의 죽음을 경험하실 때 그분의 영혼과 육체는 분리되었던 것입니다. 그 와중에도 그분의 영혼은 여전히 자신의 신성과 결합되어 있었습니다.

그러나 육체가 부활하기 전까지 주님은 온전한 인성을 갖지 못한 상태로 계셨습니다. 인성은 영혼과 육체의 결합으로 온전해지기 때문입니다. 이것이 그리스도께서 경험하신, 영혼과 육체가 분리되는 육체적인 죽음입니다. 뿐만 아니라 그분은 하나님 아버지에게서 분리되어 버림받는 죽음도 당하셨습니다. 그분은 실로 우리가 받아야 할 모든 영원한 형벌을 십자가에서 온전히 받아내신 것입니다.

나아가 주님은 무덤에 누워 있는 동안에도 자기를 비우며 부활 때까지 계속 죽음을 경험하셨습니다. 변치 않는 자신의 신적 속성, 즉 하나님의 독생자로서 가진 신성을 비우면서까지 이 모든 죽음을 당하셨습니다.

이처럼 주님은 자신의 신적 본성을 일체 나타내지 않은 채 인성 안에서 전 인격이 죽는 죽음을 경험하셨습니다. 그분의 신성에는 어떠한 변화도 없었습니다. 다만 부활하여 영화롭게 된 인성으로 온전한 인격을 회복하기 전까지 주님은 자신을 극단적으로 비워 온 인격의 죽음 가운데 계셨습니다.

이 모든 것은 죄에서 우리를 구원하시기 위한 것이었습니다. 참 하나님이요 참 사람인 우리의 유일한 중보자 주님은 이 죽음을 기꺼이 감내하셨습니다. 바빙크는 죽임 당하신 주님의 인격을 다음과 같은 말로 설명했습니다. "낮아지고 높아지셨던 동일한 단일 주체가 독생자 가운데 존재했다. 단순히 인간 본성만이 아닌 신적 본성도 두 상태에 참여했다."[26]

그의 말대로 극도의 고통 가운데 죽음을 경험하실 때에도 그리스도의 신적 본성은 그분의 인성인 육체와 긴밀하게 결합되어 있었습니다. 그러므로 그리스도의 신성 또한 인성이 겪은 고통과 죽음을 동일하게 경험했습니다. 근본 하나님의 본체인 분에게 도저히 생각할 수도, 일어날 수도 없는 그런 일이 벌어진 것입니다. 이처럼 그리스도께서는 장사된 후 3일이라는 시간 동안 매 분, 매 초, 매 순간 자신을 계속 부인하셨습니다.

자신을 내어던진 그리스도 '그 이후'를 주도하시는 하나님

그리스도는 자신의 신적 능력으로 얼마든지 몸을 일으킬 수 있었습니다. 표적을 구하는 유대인들에게 "너희가 이 성전을 헐라 내가 사흘 동안에 일으키리라"(요 2:19)고 말씀하실 때, 주님은 '내가'라는 말을 주어로 사용하여 자신이 육체의 부활을 이룰 것임을 드러내셨습니다. 또한 주님은 자신의 목숨을 스스로 버린다고 하면서 자신이 생명을 버릴 권세와 다시 얻을 권세를 모두 갖고 있다고도 말씀하셨습니다(요 10:18). "나는 부활이요 생명이니"(요 11:25)라는 말씀 또한 그리스도께서 자기 자신을 일으킬 수 있는 신적 능력이 있다는 사실을 뒷받침합니다. 히브리서 기자가 "승천하신 이"(히 4:14)와 같은 능동적 표현을 사용한 것도 같은 맥락이라 할 수 있습니다.

그러나 사도행전을 비롯한 다른 서신서들은 하나님 아버지께서 그리스도를 살리고 일으키셨다고 증언합니다. "하나님이 그를 지극히 높여"(빌 2:9)와 같은 취지에서 말하고 있는 것입니다. 가령 사도행전에서는 "너희가 법 없는 자들의 손을 빌려 못 박아 죽였으나 하나님께서 그를 사망의 고통에서 풀어 살리셨으니"(행 2:23-24), "하나님이 죽은 자

가운데서 그를 살리셨으니"(행 3:15), "너희가 나무에 달아 죽인 예수를 우리 조상의 하나님이 살리시고"(행 5:30) 등의 표현들을 발견할 수 있습니다.

또한 바울도 "하나님이 주를 다시 살리셨고"(고전 6:14), "예수 그리스도와 그를 죽은 자 가운데서 살리신 하나님 아버지"(갈 1:1)와 같은 표현을 통해 하나님이 그리스도의 부활을 주도하셨다는 것을 밝히고 있습니다. 베드로 역시 "그를 죽은 자 가운데서 살리시고 영광을 주신 하나님"(벧전 1:21)이라고 증언했습니다.

이처럼 사도행전과 다른 서신서들은 행위의 주어를 '하나님'이라 말함으로써 그리스도를 다시 살리신 분이 하나님임을 밝히고 있습니다. 또 예수님을 주어로 할 때에는 수동적인 표현을 사용하여 그리스도께서 누군가에 의해 일으킴을 받았다고 표현합니다. 예수님은 자신이 대제사장과 서기관들, 이방인들에게 넘겨져 조롱당하고 십자기에 못 박히고 3일 만에 다시 살아날 것이라 말씀할 때(마 20:18-19)에도 수동적인 표현을 사용하셨습니다. 바울 역시 로마서 4장 25절과 8장 34절, 고린도전서 15장 14-16절에서 예수님을 '살아나게 되신 분'으로 진술하고 있습니다.

앞서 살펴본 것처럼 그리스도는 자신의 신적 본성에 따라 장사된 자신의 육체를 스스로 부활하게 하실 수 있는 분이었습니다. 그럼에도 성경이 그리스도의 부활을 언급할 때 하나님을 능동적인 주체로 말하거나 혹은 그리스도에 대해 수동적인 표현을 사용한 이유는 그리스도께서 고난을 받고 장사되는 그 모든 과정 내내 자신을 계속 비워 낮추셨기 때문입니다. 이에 대해 바빙크는 "그리스도께서 인간의 본성을 취하시자마자 두 본성을 따라 후속되는 비하와 승귀(昇貴, Ascension of Christ, 그리스도께서 가장 낮은 인간의 위치로 자기를 낮추시고 인간 구원의 역사를 온전히 이루신 후 다시 신적인 본래 위치로 돌아가신 것을 말한다-편집자 주)의 주체가 되셨다"고 했습니다. 그리고 뒤에 가서 다음과 같이 덧붙였습니다.

"예수의 신적 본성은 죽음 가운데서도 자신의 인간 본성과 육체와 매우 긴밀하게 결합되어 있었고, 죽음으로부터 생명을 이끌어 낼 수 있는 전능의 능력을 소유했다. 하지만 예수는 자신의 고난과 부활에 동참해 정당성을 획득했고, 따라서 승귀에서도 정당하게 자신의 권세를 사용했다"[27]

더 나아가 문병호 교수는 심지어 '주님은 자신의 신성의 고유한 능력으로 부활하셨다'고 말하기도 했습니다.[28] 그럼에도 하나님께서 그리스도를 살리셨다는 표현이 여전히 가능한 이유는, 이 부활이 성부 하나님과 성자 그리스도께서 함께 사역하시는 가운데 일어났기 때문입니다.

성경에 근거하여 우리는 그리스도의 모든 사역이 삼위 하나님과의 함께 일하심을 통해 이뤄졌다는 사실을 부인할 수 없습니다. 그리스도는 언제나 삼위 하나님과 분리되지 않고 함께 하십니다.

하지만 우리는 성경이 주로 '하나님 아버지'를 주어로 하여 그리스도의 부활과 높아짐을 말한 의도가 무엇인지를 간과하지 말아야 합니다. 이는 성부 하나님과 그리스도의 관계에서 그 이유를 찾을 수 있는데, 그리스도는 이 땅에서 자기를 부인하며 항상 성부 하나님을 의탁하고 높이셨습니다. 이 땅에 사는 동안 계속 하나님만을 높이신 주님은 제자들에게 소위 주기도문을 가르칠 때에도 가장 먼저 '하늘에 계신 우리 아버지'를 언급하셨습니다. 성부, 성자, 성령, 각각을 기도와 예배의 대상으로 삼을 수 있지만 예수님은 그렇게 가르치지 않으신 것입니다. 성경은 이러한 주님의 모습을 반영하여 하나님 아버지를 주어로 사용했습니다.

그리스도와 연합한 자의 모습

성경이 자주 '하나님 아버지'를 주어로 하여 그리스도의 부활과 높아짐을 말하는 또 한 가지 중요한 이유는 그와 연합된 그리스도인들이 경험할 일을 강조하기 위해서입니다. 그리스도의 자기 비움과 낮아심은 그와 연합된 그리스도인들과 연관되어 있는 것입니다. 성경은 낮아지신 그리스도를 하나님이 높이셨다고 말함으로써, 그분과 연합한 우리 또한 하나님이 높여주실 것이라 강조합니다. 그렇습니다. 하나님은 그리스도를 높이신 것처럼 그리스도와 연합해 그분의 마음을 품고 자기를 비워 낮추는 자를 또한 높이실 것입니다.

우리는 우리 자신을 스스로 높일 수 없습니다. 오직 하나님 아버지께서 높여주실 때만 우리는 높아질 수 있습니다. 하나님은 이 사실을 신자 된 우리가 삶 속에서 깨닫게 하십니다.

앞서 살펴본 것처럼 하나님의 이 높이심은 기계적으로 적용되는 게 아니라 하나님과 우리 사이의 인격적인 관계 속에서 이뤄집니다. 하나님은 장사된 후 3일 동안 무덤에 머물면서 매 순간 자신을 기꺼이 부인하신 그리스도의 마음을 분명히 보셨고, 그래서 그리스도를 가장 존귀하게 높이셨습니다. 한편 본문은 우리가 신자로서 그리스도를 따라 그분의 마음을 품는 일을 단회적으로가 아니라 매 순간 행해야 한다는 것을 시사해줍니다. 주님은 끝까지 자신의 권리를 주장하지도, 신적인 능력을 사용하지도 않으셨습니다. 그분은 마음과 행동을 결코 분리하지도 않으셨습니다. 우리 역시 그러해야 합니다.

'높여주시는' 하나님을 믿고 따르라

신자는 '이러므로'라는 말에 담긴 의미를 알고 사는 자입니다. 즉 하나님이 우리를 인격적으로 알고 그에 따라 반응하여 우리를 높이신다는 사실을 아는 자입니다. 이를 '경험적으로' 알고 있습니까? 그와 같은 앎은 우리의 일상적인 말과 행동을 통해 나타납니다. 과연 자신이 그러한 믿음에 따라 그리스도 예수의 마음을 품고 자신을 비우며 낮추는지 돌아보십시오. 우리가 어떠한 마음으로 상대방을 대하고 있는지 하나님은 분명히 아십니다. 그리고 진실과 겸손으로 행하는 그 진심을 알고 높이십니다.

신앙생활은 그저 원만하게 사회관계를 유지하기 위한 것이 아닙니다. 적당하게 예의를 지키고 남들에게 좋은 인상을 주는 것을 신앙으로 착각하지 마십시오. 언제부터인가 신앙인들 사이에서는 성경을 더 이상 말하지 않는 분위기가 생겼습니다. 그리스도 예수의 마음보다는 세상이 말하는 친절, 관용, 선행 등을 기독교인으로서 가져야 할 덕목처럼 여기고 있는 것입니다.

이는 성경의 가르침만을 붙들어야 할 기독교의 참 모습과 거리가 멉니다. 참된 복음에 세상의 정신을 뒤섞은 잡탕 종교, 잡탕 기독교에 불과한 것입니다. 선행과 친절은 분명 사람들에게 칭찬과 인정을 받겠지만 그것이 그리스도를 겸손히 본받는 데서 비롯되지 않는다면 하나님이 찾으시는 신자의 모습은 아닙니다.

물론 진심으로 주님의 뒤를 따를 때에도 우리에게는 완전하지 못한 모습이 있을 것입니다. 하지만 중요한 것은 그리스도를 의지하면서 그분의 마음 품기를 원하는 것입니다. 부족한 면이 드러나면 겸손하게 엎드려 성령의 도움을 구해야 합니다. 세상 사람들도 취할 수 있는 겸양과 친절의 수준이 아니라, 우리의 중심을 아시는 하나님께 우리의 마음을 드리며 힘써 그리스도를 본받는 신앙의 길을 가야 합니다.

신자란 누구입니까? 그리스도께서 매 순간 그토록 힘써 자기를 비우고 낮추셨기에 자신의 구원이 가능해졌음을 말씀과 성령을 통해 깨닫는 자입니다. 그리하여 자신 또한 그리스도를 따라 자기를 부인하고 나보다 남을 낮게 여기겠다는 결론을 갖습니다. 이것이 참으로 복 있는 자의 모습입니다.

하나님의 높이심을 가볍게 생각하지 마십시오. 그것은 분명 실재합니다. 하나님은 그리스도의 마음을 품는 자들을 높이고 계시며 또 앞으로도 영원히 높이실 것입니다. 우리는 주의 말씀으로 하나 된 공동체 안에 있으면서도 여전히 사람을 가려서 대하고 때로는 질투와 시기로 분란을 일으킵니다. 그런 우리를 위해 주님은 자기를 끊임없이 낮추고 비워 마침내 죽기까지 하셨습니다. 그것은 결코 한 번의 사건 정도에 그치는 일이 아니었습니다.

이 주님을 기억하십시오. 우리 모두가 매 순간 자기를 비우고 낮추신 주님을 따라 행하기 원합니다. 그리고 그분의 마음을 품고 지체를 섬기며 교회를 세울 수 있길 소망합니다.

In your relationships
with one another,
have the same mindset
as Christ Jesus.

**너희 안에 이 마음을 품으라
곧 그리스도 예수의 마음이니
(빌 2:5).**

11

In your relationships with one another, have the same mindset as Christ Jesus.

하나님의 행함 3
_ 모든 이름 위에 뛰어난 이름을 주시다

: 모든 이름 위에 뛰어난 이름을 주사
  하늘에 있는 자들과 땅에 있는 자들과
  땅 아래에 있는 자들로
  모든 무릎을 예수의 이름에 꿇게 하시고

너희 안에 이 마음을 품으라 곧 그리스도 예수의 마음이니
그는 근본 하나님의 본체시나
하나님과 동등됨을 취할 것으로 여기지 아니하시고
오히려 자기를 비워 종의 형체를 가지사
사람들과 같이 되셨고 사람의 모양으로 나타나사
자기를 낮추시고 죽기까지 복종하셨으니
곧 십자가에 죽으심이라
이러므로 하나님이 그를 지극히 높여
모든 이름 위에 뛰어난 이름을 주사
하늘에 있는 자들과 땅에 있는 자들과 땅 아래에 있는 자들로
모든 무릎을 예수의 이름에 꿇게 하시고
모든 입으로 예수 그리스도를 주라 시인하여
하나님 아버지께 영광을 돌리게 하셨느니라
(빌립보서 2:5-11).

이번 장에서는 장차 그리스도께서 영광의 주로 다시 오실 때 모든 사람에게 예외 없이 있게 될 일을 살피고자 합니다. 이는 하나님의 높이심의 절정에 해당하는 내용입니다. 성경은 하나님이 그리스도를 지극히 높여 모든 이름 위에 뛰어난 이름을 주시고 하늘과 땅과 땅 아래 있는 모든 자들로 하여금 예수의 이름 앞에 무릎을 꿇게 하실 것이라고 말합니다.

여기서 하나님이 그리스도에게 '모든 이름 위에 뛰어난 이름을 주셨다'고 말한 것은 단순히 그리스도의 신격에 대한 수사적 표현이 아닙니다. 그리스도는 이미 근본 하나님의 본체이므로 하나님은 그분의 신격을 더 높이실 수 없습니다. 하나님이 그리스도를 높이신 일들은 모두 그리스도께서 자신을 비워 죽기까지 순종하신 일과 연관되어 있습니다. 모든 이름 위에 뛰어난 이름을 주신 것도 마찬가지입니다.

성경에서 이름은 단순한 호칭에 불과한 것이 아닙니다. 성경에 나오는 이름들은 그 이름을 가진 대상이 어떤 존재인지를 말해줍니다. 우리는 이 사실을 염두에 두고 과연 "모든 이름 위에 뛰어난 이름"이 무엇인지 살펴봐야 합니다. 어떤 사람들은 이 이름이 하나님의 아들이나 하나님 혹은 예수를 뜻하는 것이라고 주장합니다. 하지만 이 이름이 결국 '주'를 말하는 것임을 우리는 11절 말씀을 통해 알 수 있습니다.

헬라어로 주는 '큐리오스'(Κύριος)입니다. 이 호칭은 일반적으로 종이 자신의 상전을 부를 때 그리고 로마 황제를 가리킬 때에도 사용했습니다. 예수님도 이 땅에 계실 때 사람들로부터 이 호칭으로 불리신 적이 있습니다. 종합해보면 1세기 당시 이 호칭은 주로 사람에게 사용되었음을 알 수 있습니다. 이를 근거로 어떤 사람들은 '주'라는 호칭이 그리스도를 높이는 이름일 수 없다고 말합니다. 사람을 높이는 데 사용하는 호칭을 그리스도에게 쓸 수 없다는 것입니다.

그러나 바울은 분명히 하나님이 '주'(Κύριος)라는 이름을 그리스도에게 주셨다고 기록합니다. 우리는 이 같이 말한 바울의 의도를 파악할 필요가 있습니다. 여기서 특이한 점은 하나님이 그리스도에게 모든 이름 위에 뛰어난 이름을 주셨다는 것을 9절에서 말한 뒤 11절에 와서야 그 이름이 '주'라는 것을 밝혔다는 사실입니다. 바울이 그리스도의 이름을 곧바로 언급하지 않은 이유는 '그 이름이 무엇인지'보다 '그 이름이 모든 이름 위에 뛰어나다'는 사실에 본문의 초점이 있기 때문입니다. 9절에서 바울은 이름이 무엇인지를 말하기보다 그리스도의 위상이 얼마나 높아졌는지를 더 선명하게 드러내려 한 것입니다.

주(Κύριος)의 특별한 의미

이처럼 본문의 의도는 이 땅에 육신을 입고 와서 고난을 당하고 끝내 무기력하게 죽은 것처럼 보였던 그리스도가 하나님과 동등한 주님이라는 것을 모든 피조물이 예외 없이 인정하고 높이게 된다는 사실을 알리는 데 있습니다. 그래서 본문에서 사용된 '주'라는 호칭도 당시 사회에서 통용되던 일반적인 의미가 아니라 그리스도의 지극히 높고 영광스러운 위상과 그분의 주권을 내포합니다. 곧 능력과 위엄, 권위, 영광을 포함하는 그리스도의 주권을 가리키는 것입니다.

마틴은 이 '주'라는 이름을 다음과 같이 설명했습니다. "70인역에서 '여호와'라는 신적 호칭으로 번역되기도 하는 '주'(Κύριος)의 근본적인 의미는 충분하고 믿을 만한 능력, 즉 모든 사람들의 소유를 처분할 수 있는 통치자의 신분을 가리킨다. 이 이름은 이 세상의 모든 존재를 처분할 수 있는 그런 능력을 지닌 통치자의 신분을 말한다."

하나님이 예수 그리스도를 높여 모든 이름 위에 뛰어난 이름인 '주'를 그분에게 주신 것은 진실로 그리스도께서 세상을 통치하시는 하나님임을 선언하는 것입니다. 하나님의 이 선언은 주님이 능력과 위엄과 권세와 영광을 지닌 주권자요 경배받기에 합당한 분임을 드러냅니다. 실로 예수 그리스도는 일반적인 의미의 '주'가 아니라 세상 만물의 '유일한 주'입니다.

이와 같은 이유로 본문은 그리스도께서 '유일한 주'임을 밝히면서 그분의 신성을 강조하기 위해 'Κύριος'의 맨 앞글자인 'κ'(카파)를 대문자로 표기했습니다. 신학자들이 '신적인 큐리오스'라고 부르는 이 호칭은 구약에서 여호와 하나님의 이름을 대신했던 '아도나이'(히브리어)'에 해당합니다.

사도 요한의 제자였던 폴리갑도 본문이 말한 것처럼 그리스도만이 온 세상의 유일한 주라고 믿었습니다. 그래서 그는 순교의 위기 속에서도 "로마 황제를 유일한 주로 인정하고 시인하면 살려주겠다"는 제안을 거절할 수밖에 없었습니다. 오히려 그는 "내가 어떻게 주님을 부인할 수 있겠느냐"고 하며 기꺼이 순교의 길로 나아갔습니다. 폴리갑의 경우처럼 그리스도만이 온 세상의 주라고 고백하는 것은 그분을 구주로 영접한 사람에게만 가능한 일입니다. 예수님을 믿지 않는 사람은 결코 이러한 고백을 할 수 없습니다.

모든 무릎, 모든 입이 예수를 주라 고백하다

나아가 10-11절은 신자들뿐 아니라 모든 피조물이 장차 주님에게 어떤 반응을 보이게 될지 말해줍니다. 즉 그리스도께서 이 땅에 계셨을 때와 완연히 다른 위상을 갖게 되며 이로 인해 피조물들이 이전과는 완전히 다른 반응을 보이게 될 것이라고 말합니다.

바울의 진술과 같이 장차 모든 인격적인 피조물들은 그리스도 앞에 무릎을 꿇고 존귀한 그분을 경배하게 될 것입니다. 어떤 사람들은 이성적인 피조물뿐 아니라 비이성적 피조물, 즉 생물과 무생물 모두가 그리스도 앞에 무릎을 꿇고 그분을 주로 시인할 것이라고 주장하기도 합니다. 그러나 10-11절은 주님께 경배하게 될 존재들에게 무릎과 입이 있다는 점을 지적합니다. 따라서 10절에 언급된 세 그룹의 피조물은 이성적인 피조물 혹은 인격을 지닌 피조물인 것을 알 수 있습니다.

이를 분류하자면 다음과 같습니다. 먼저 '하늘에 있는 자들'은 천사들과 이 세상을 떠나 구원받은 성도들을 일컫습니다. 그 근거는 요한계시록 4-5장입니다. 여기에서는 하늘에 있는 자들을 천사와 구원받은 성도라고 말합니다. 두 번째로 '땅에 있는 자들'은 말 그대로 이 땅 위에 거주하는 모든 인류를 가리킵니다. 그리고 마지막으로 '땅 아래 있는 자들'은 음부에 내려간 사람들과 사탄 그리고 사탄에 속한 악한 영들을 말합니다.

이처럼 성경은 이성적인 피조물을 하늘과 땅 그리고 땅 아래 음부에 있는 존재들로 구분합니다. 이 세 부류는 그리스도의 재림 전까지 유지되다가 최후 심판 이후에는 두 부류만 남습니다. 한 부류는 하나님과 함께 새 하늘과 새 땅에 영원히 있게 될 하나님의 백성들이고 다른 한 부류는 영원한 형벌에 처해 불못에 던져질 사탄과 그에 속한 악한 영들 그리고 하나님을 서억한 자들입니다.

본문은 모든 이성적 피조물들이 결국 그리스도 앞에 무릎 꿇게 될 것을 강조합니다. 여기서 바울은 그들이 다름 아닌 '예수의 이름'에 무릎을 꿇을 것이라고 말합니다. 앞서 살펴본 '주' 대신 '예수'의 이름이라고 말한 이유는 주님이 이 땅에 계실 때 구체적으로 어떤 이름을 갖고 계셨는지를 상기시키기 위함입니다. 사람들이 '예수'라는 이름으로 불렸던, 인성을 취하신 그분에게 모두 무릎 꿇게 된다는 것입니다. 성경이 주님을 예수라는 이름으로 말할 때에는 주님이 우리와 같은 육신을 입고 오셨다는 점, 즉 그분의 인성을 강조하려는 의도가 담겨 있습니다. 본문도 그런 맥락에서 그리스도의 인성을 부각한 것입니다.

누구도 거부할 수 없는 그분의 영광

모든 이성적 피조물들이 결국 무릎 꿇어 경배할 주님은 동정녀 마리아에게 나셨던 그 예수 그리스도입니다. 종의 형체를 취해 사람의 모양으로 오셨고, 인성을 취한 가운데 온갖 고난을 받으신 바로 그 예수님입니다.

그분은 세상을 구원하기 위해 하나님께 죽기까지 복종하셨고 무덤에 내려가는 것까지도 기꺼이 감내하셨습니다. 이 예수 그리스도야말로 우리를 구원하기 위하여 이 땅에 오신 하나님의 유일한 아들이었습니다.

안타깝게도 예나 지금이나 이 사실을 아는 사람은 상대적으로 적습니다. 그분에게는 고운 모양도 없고 풍채도 없을 뿐 아니라 뭇 사람들이 보기에 흠모할 만한 아름다운 것도 없었기 때문입니다(사 53:2).

우리 생각에는 세상을 구원할 분이라면 뭔가 우리와 다른 특별한 모습이 있어야 할 것 같은데 예수님은 우리와 같은 인성을 취하셨습니다. 겉보기에는 사람들과 별 차이가 없었기에 사람들은 그분을 귀하게 여기지 않았습니다. 도리어 멸시하고 조롱했습니다.

지금도 수많은 사람들이 이 주님을 바로 알지 못합니다. 주님을 그저 팔레스타인 땅에서 태어난 성자 예수 혹은 위인 중 한 사람 정도로 여길 뿐입니다. 이들은 예수의 이름 앞에 무릎을 꿇지 않을 뿐만 아니라 그분을 무시하고 멸시합니다.

예수님이 이 땅에 계실 때와 똑같이 그분을 무시합니다. 그리고 예수님을 유일한 구주로 믿는 기독교를 세상의 여러 종교 중 하나일 뿐이라고 생각합니다.

하지만 성경은 예수님이 그처럼 무시되고 가볍게 여겨질 수 있는 분이 아니라고 분명하게 말합니다. 그분은 만물에 대한 통치권을 가지신 온 세상의 주권자요, 어느 누구도 예외 없이 무릎 꿇고 존경과 경배를 드려야 할 분입니다. 이것은 영화와 같은 허구가 아니라 실제로 모든 사람 앞에 드러나게 될 사실입니다.

헨드릭슨은 장차 우리에게 일어날 이 일을 다음과 같이 말했습니다. "예수께서는 그가 영광 중에 재림하실 때, 우주의 모든 곳에 있는 모든 이성적 피조물에게 경배를 받을 것이다. 천사들과 구속받은 성도들은 기쁘게 그를 경배할 것이며, 저주받은 자들은 비통하게 후회하며 그를 경배할 것이다. 그러나 그리스도의 영광이 너무나 위대할 것이므로 보는 자들이 그에게 존귀의 영광을 돌리도록 압도될 것이다."

예수님이 이 땅에 계실 때 사람들은 어떻게 마리아의 몸에서 난 자가 세상을 구원하겠느냐고 비아냥거리며 그분의 이름을 조롱했습니다. 이는 지금도 마찬가지입니다.

하지만 그리스도께서 다시 오시는 날, 그분을 무시했던 사람들 그리고 그들 배후에 있던 악한 영들은 예수 그리스도의 위엄과 영광에 눌려 더 이상 반항심과 적대감을 드러내지 못할 것입니다. 주님만이 우주 만물의 유일한 주권자이자 통치자임을 두 눈으로 목격하며 심령과 의식이 완전히 압도되는 것을 경험할 것입니다. 그들이 할 수 있는 일은 오직 존경과 경배를 드러내는 것뿐입니다.

겸손은 그리스도의 주권을 인정하는 데서 시작된다

그러나 그리스도께서 다시 오실 때에만 그분의 주권과 통치가 인정되는 것은 아닙니다. 지금 이 땅에도 그분의 주권과 통치를 인정하며 그에 합당한 반응을 보이는 자들이 있습니다. 바로 부름받은 성도들입니다.

지금 이 순간에도 주님은 모든 이성적 피조물들에게 모든 존경과 경배를 받기에 합당한 분입니다. 다만 많은 사람들이 그 사실을 모르고 주님에게 보여야 할 합당한 반응을 보이지 않는 것뿐입니다. 부름받은 성도들은 그들과 달리 예수 그리스도를 압니다. 예수님이 온 세상의 주권자요 통치자임을 이 땅에서 이미 인정하며 경배합니다. 말로만이 아니라 삶으로도 그리스도의 주권에 순복하여 그분의 뜻을 따르며 주님만이 온 세상의 주권자임을 고백합니다.

바울의 편지를 받은 빌립보교회의 성도들이 그러했습니다. 그들은 예수님의 통치와 주권을 인정하는 자들이었습니다. 성령이 아니고는 예수가 주인 것을 고백할 수 없다고 성경이 말하고 있듯(고전 2:13) 이들은 성령의 내주와 인도 가운데 자신의 삶과 예배, 찬양으로 진정 예수님만이 자신의 주임을 고백했습니다. 오늘날보다 더욱 심한 거부와 적대를 맞닥뜨리고 있으면서도 이토록 진실하게 자신의 신앙을 고백했습니다. 그리스도께서 온 세상의 주라고 고백하는 것만으로도 그들은 박해를 받았습니다. 폴리갑처럼 생명의 위협을 받기도 했습니다. 하지만 그들은 그리스도만이 주님이요, 온 세상의 주권자와 통치자가 되신다는 고백을 손바닥 뒤집듯 부정하지 않았습니다.

이러한 신앙 고백은 폴리갑과 같이 신실한 소수 사람에게나 해당되는 특별한 신앙 행위가 아닙니다. 그리스도인이라면 모두 삶에서 고백하고 증거해야 할 내용입니다. 특히 이 내용은 교회 공동체 안에서 선명하게 나타나야 합니다.

주님을 모르는 사람들은 우리의 이 고백을 이해하지 못하고 오히려 불쾌감을 드러냅니다. 거부하고 심지어 핍박할 수도 있습니다. 그러나 마지막 날에는 모든 존재가 예수 그리스도의 주 되심을 고백할 것입니다. 이 사실을 믿는 우리는 두려워하지 말고 담대하게 예수 그리스도만이 온 세상의 주임을 고백하고 증거해야 합니다.

우리는 말씀이 분명히 전하는 바를 확신하며 유일한 주권자인 하나님께 반응해야 하는 자들입니다. 그 하나님을 증거해야 할 자들입니다. 10-11절 내용은 우리의 삶 모든 영역에서 동일하게 인정되고 계속 고백되어야 합니다. 이를 위해 먼저 자신의 모습을 돌아보십시오. 그리스도께서 온 세상의 유일한 주권자임을 입술만의 고백이 아니라 모든 행실과 삶으로도 나타내고 있는지, 특히 그리스도의 몸 된 교회 안에서 지체들을 섬길 때에도 그 사실을 인정하며 행하는지 돌아보십시오. 만약 자신의 입술로도 삶에서 이러한 고백을 드리지 못하고 있다면 그것은 그리스도만이 주라는 사실을 모르거나 혹은 믿지 않기 때문일 것입니다. 거듭나지 않은 사람은 이 사실을 결코 믿음으로 고백할 수 없고 삶으로도 드러낼 수 없습니다.

그러나 참된 신자는 그리스도의 재림에 앞서서 지금 이 땅에서부터 그리스도의 주권에 순종합니다. 그리고 그것이 이 땅의 어떤 것과도 비교할 수 없는 가장 큰 복이며 특권임을 알고 누립니다. 그리스도 안에서 이 복을 누리는 그리스도인은 결국 자신의 삶 속에서 주님의 다스림에 순종하여 서로에게 겸손으로 행하는 것을 중시합니다.

주의 다스림은 신자의 진정한 특권

예수님은 2000년 전에 육신을 입고 이 땅에 오셔서 수많은 고난을 받고 끝내 십자가에서 죽임을 당하셨습니다. 하지만 하나님은 그를 높여 온 세상의 주권자요 통치자라고 온 세상에 선포하셨습니다. 사람들은 예수님을 무시하고 외면했지만 그분은 하나님께 높임을 받아 이제는 모든 만물의 주요 우리의 주로서 하나님의 보좌 우편에 앉아 계십니다.

예수 그리스도의 주권을 인정하십시오. 그분을 높이십시오. 예배뿐 아니라 우리의 삶으로도 주님의 다스림을 따르며 그분을 높이십시오. 이러한 고백은 지금부터 그리고 이 땅에서부터 드려져야 합니다.

주님의 주권을 인정하고 고백하는 것은 신자의 특권이자 복입니다. 믿지 않는 이들은 마지막 때에 이르러서야 그리스도의 주 되심을 경악과 두려움 속에서 인정하겠지만 우리는 그렇게 반응하지 않을 것입니다. 우리는 이미 말씀과 성령을 통해 이 사실을 알고 이 땅에서부터 고백하게 된 자들입니다. 그래서 우리는 다시 오실 주님을 두려움으로 바라보지 않고 이 땅에서부터 흠모하고 기뻐하며 찬양합니다.

얼마나 복된 일입니까? 이 복을 알았다면 기쁨과 감사로 예배와 삶 속에서 더욱 분명하게 드러내십시오. 우리 주 그리스도의 주권에 대한 인정을 이 땅에서부터 특히 교회 공동체 속에서 선명하게 드러내십시오! 그런 삶의 고백과 증거가 사는 날 동안 계속되기를 소망합니다.

12

In your relationships with one another, have the same mindset as Christ Jesus.

하나님의 행함 4
_ 마침내, 홀로
영광을 받으시다

: 모든 입으로 예수 그리스도를 주라 시인하여
  하나님 아버지께 영광을 돌리게 하셨느니라

너희 안에 이 마음을 품으라 곧 그리스도 예수의 마음이니
그는 근본 하나님의 본체시나
하나님과 동등됨을 취할 것으로 여기지 아니하시고
오히려 자기를 비워 종의 형체를 가지사
사람들과 같이 되셨고 사람의 모양으로 나타나사
자기를 낮추시고 죽기까지 복종하셨으니
곧 십자가에 죽으심이라
이러므로 하나님이 그를 지극히 높여
모든 이름 위에 뛰어난 이름을 주사
하늘에 있는 자들과 땅에 있는 자들과 땅 아래에 있는 자들로
모든 무릎을 예수의 이름에 꿇게 하시고
모든 입으로 예수 그리스도를 주라 시인하여
하나님 아버지께 영광을 돌리게 하셨느니라
(빌립보서 2:5-11).

앞 장에서 우리는 하나님이 그리스도를 높이신 일의 절정에 해당하는 9-11절 내용을 살펴봤습니다. 바울은 빌립보교회의 성도들에게 하나님이 그리스도를 어떻게 높이셨는지 그리고 그리스도께서 이 땅에 다시 오실 때 모든 이성적 피조물들이 어떠한 반응을 보이게 될지를 말해줬습니다.

즉 하나님은 그리스도를 지극히 높여 모든 이름 위에 뛰어난 이름을 주실 것이며, 하늘과 땅과 땅 아래 있는 자들로 모든 무릎을 예수의 이름에 꿇게 하시고, 모든 입으로 예수 그리스도를 주라 인정하게 하실 것입니다.

예수님은 이 땅에 육신을 입고 계시는 동안 사람들로부터 무시당하고 수많은 고난을 받으셨습니다. 그러나 그 예수님이 온 세상의 주권자임을 곧 모든 피조물들이 알아 그분의 이름 앞에 무릎 꿇을 것입니다. 단순히 존경과 경배를 드리는 차원을 넘어 완전히 압도된 채 예수님만이 세상을 구원하러 오신 메시아, 곧 그리스도이며 온 세상의 주권자임을 적극적으로 시인하게 될 것입니다.

예수님을 믿는 사람들은 믿음을 갖게 된 즉시 이 땅에서부터 예수님의 주권을 인정합니다. 그러나 11절 말씀에 따르면 최종적으로는 하늘과 땅 그리고 땅 아래 있는 모든 이성적 피조물들이 그리스도를 온 세상의 주로 시인하게 될 것입니다. 뮐러는 이 이성적 피조물들을 천사들과 마귀들, 산 자와 죽은 자, 구원받은 자와 잃은 자로 구분하기도 하는데[29] 핵심은 이들 모두가 예수 그리스도의 주 되심, 곧 그분의 주권을 공적으로 시인하게 된다는 것입니다.

바울은 앞으로 일어날 이 일이 얼마나 장엄하고 놀라울지 바라보며 본문을 기록했습니다. 이 말씀은 세상에서 고난을 당하며 힘겹게 신앙을 지키는 모든 그리스도인들에게 앞으로 반드시 있게 될 일을 말해줍니다.

바울은 막연하게 '이런 멋진 일이 있을 것이다'고 말하는 것이 아니라 확신에 차서 말합니다. 그는 자신이 알게 된 사실, 곧 예수 그리스도의 주 되심이 장차 공적으로 인정될 것을 분명히 믿고 바라며 빌립보교회 성도들에게 말했습니다. 진정 설레는 마음으로 소망 가운데 이 사실을 전한 것입니다.

이 편지는 바울이 예수의 주 되심을 믿고 전했다는 이유로 감옥에 갇혔을 때 쓴 것입니다. 비단 바울만 아니라 당시 많은 그리스도인들은 주 되신 예수 그리스도를 전하다가 고난을 당하고 박해를 받았습니다. 본문은 이처럼 그리스도로 인해 고난받는 신자들에게 말합니다. 이 땅에서 무시받고 고난당하다가 끝내 죽으신 예수님을 향해, 장차 모든 입들이 그분을 하나님의 본체요, 온 세상의 주라고 시인하며 인정하게 되는 놀라운 일이 일어날 것이라고 말입니다. 뮐러의 표현대로 천사들과 마귀들, 산 자와 죽은 자, 구원받은 자와 잃은 자 모두 예수님의 주 되심을 인정하게 될 것입니다.

소망 중에 바라보고 확신하는 사실

아직까지 세상은 알지 못하지만 신자 된 우리는 장차 분명히 일어날 일에 대한 본문의 내용을 소망 가운데 묵상하며 바라봐야 합니다.

빌립보서가 기록되기 700여 년 전에 하나님은 이와 동일한 내용을 선지자 이사야를 통해 말씀하셨습니다. "내가 나를 두고 맹세하기를 내 입에서 공의로운 말이 나갔은즉 돌아오지 아니하나니 내게 모든 무릎이 꿇겠고 모든 혀가 맹세하리라 하였노라"(사 45:23). 이는 하나님의 말씀이 반드시 성취된다는 사실을 우리에게 말해줍니다.

바울은 빌립보교회에 편지를 쓰기 몇 년 전에 로마교회에도 편지를 보냈는데 그때 이 구절을 로마서 14장에서 인용하기도 했습니다. 그는 로마 성도들에게 우리가 모두 하나님의 심판대에 서게 될 것이라고 말한 뒤 "기록되었으되 주께서 이르시되 내가 살았노니 모든 무릎이 내게 꿇을 것이요 모든 혀가 하나님께 자백하리라 하였느니라"(롬 14:11)고 증거했습니다.

성경이 말한 이 미래의 일을 한번 상상해보십시오. 모든 피조물은 어느 하나도 예외 없이 그리스도를 주로 시인하게 될 것입니다. 우리 눈으로는 지금 이 땅에 살고 있는 수십억 명의 사람들을 한 번에 볼 수 없습니다. 과거 엑스플로(EXPLO) 74가 열렸을 때 여의도에 100만 명이 모였는데 여의도에 사람들이 가득 찰 정도였습니다.

이렇다보니 몇 백만 명, 아니 그 이상 되는 규모의 사람들을 한눈에 본다는 것은 거의 불가능합니다. 지금 지구상에 사는 인구만 70-80억

명인데 아담 이후에 태어났다가 죽은 이들을 포함한 모든 인간들, 즉 산 자와 죽은 자, 천사들과 사탄에게 속한 자들을 모두 포함하면 상상조차 하기 힘든 숫자일 것입니다. 하지만 이렇게 믿기 힘들다고 해서 우리는 성경의 진술을 특정한 종교 집단 안에서만 공유되는 그런 이상한 이야기라고 생각해서는 안 됩니다.

바울은 감옥에 갇혀 있으면서도 성경이 말하는 실체를 분명히 바라보고 있었습니다. 그리고 확신 가운데서 고통받고 있던 빌립보교회 성도들에게 이 편지를 썼습니다. 이 말씀은 성경이 그 역사성을 증명한 것처럼 반드시 우리에게 성취될 것입니다. 우리 모두는 두 눈으로 그리스도를 바라보며 그분을 온 세상의 주로 인정하고 그에 합당한 반응을 보이게 될 것입니다.

바울이 갇힌 중에도 소망하며 바라봤던 것이 바로 이것이었습니다. 그는 벅찬 감동으로 이 내용을 진술했습니다. 엄청난 현실이 장차 자신에게 다가올 것을 확신하며 찬송 가운데 본문을 기록했습니다.

바울보다 앞서 사도 베드로도 장차 있게 될 이 어마어마한 사실을 바라봤습니다. 그는 오순절을 지내기 위해 예루살렘에 모인 사람들 앞에서 벅찬 가슴을 안고 이를 증거했습니다. "그런즉 이스라엘 온 집은 확실히 알지니 너희가 십자가에 못 박은 이 예수를 하나님이 주와 그리스도가 되게 하셨느니라 하니라"(행 2:36).

사도 요한 역시 자신이 알게 된 바를 요한계시록에서 다음과 같이 증언했습니다. "그들이 어린 양과 더불어 싸우려니와 어린 양은 만주의 주시요 만왕의 왕이시므로 그들을 이기실 터이요 또 그와 함께 있는 자들 곧 부르심을 받고 택하심을 받은 진실한 자들도 이기리로다"(계 17:14), "그 옷과 그 다리에 이름을 쓴 것이 있으니 만왕의 왕이요 만주의 주라 하였더라"(계 19:16). 세상에서 죽임당한 어린양 예수께서 만주의 주라는 것입니다.

예수의 주 되심을 삶으로 고백하라

이들과 같은 맥락에서 바울은 로마교회 성도들에게 예수 그리스도를 입으로 시인하고 하나님이 그리스도를 죽은 자 가운데서 살리신 것을 믿으면 구원을 얻게 될 것(롬 10:9)이라고 말했습니다. 오늘날 많은 사람들이 이 말씀을 잘못 이해하며 적용하고 있는데, 원래 이 구절의 의미는 십자가에 달려 죽으신 예수님을 자신의 주로 시인하고 믿는다면 누구든지 구원을 받게 된다는 것입니다.

다른 사람이 읽어주는 것을 입으로만 그대로 따라하는 것을 말하는 게 아닙니다. 예수님을 주로 시인한다는 것은 십자가에 달려 죽으신 분이 누구인지 정확하게 안다는 것입니다. 그리스도께서 온 세상의 주임을 분명히 알아 그 사실을 자신의 중심에 두고 삶으로 고백하는 것이 진정 예수를 자신의 주로 시인하는 것입니다.

폴리갑이 만약 입술로만 그리스도를 주라고 시인했다면 목숨의 위협을 느낄 때 예수님을 부인했을 것입니다. 그러나 그는 주님을 부인하지 않았습니다. 끝까지 자신의 삶을 통해 그리스도만이 주님이라고 고백했습니다. 정녕 이 고백은 성령으로 아니하고는 드릴 수 없는 고백입니다(고전 12:3). 우리는 집회 분위기에 고양되어 예수님이 나의 주님이라고 고백할 수도 있습니다. 무언가에 감동되거나 마음이 움직이면 그럴 수도 있습니다. 그러나 성경이 말하는 주 되심의 시인과 고백은 그런 것이 아닙니다. 그것은 고백하는 자의 존재와 삶으로 시인되어야 합니다. 분명히 알고 믿기 때문에 그 사실을 도저히 부인할 수 없는 상태에서 드리는 고백인 것입니다.

현재를 영원에 잇대어 바라보는 신앙

사실 우리 중 대부분은 전쟁 같은 큰 재앙을 경험해보지 못했기 때문에 바울이 고난당하면서도 소망 중 기록한 이 말씀을 쉽게 실감하지 못할 수 있습니다. 하지만 성경이 말하는 사실들을 실제 경험으로 확인하는 것은 지금 시점에서는 후차적인 일입니다. 지금 우리에게는 성취 이전에 계시된 하나님의 말씀을 믿음으로 보는 것이 먼저입니다.

바울처럼 자신을 둘러싼 현재의 상황을 성경이 말하는 미래와 연결시켜야 합니다. 지금의 현실과 성경이 계시하는 미래는 서로 무관한 실체가 아닙니다. 감옥에 갇혀 있던 바울 역시 당시 자신의 현실과 하나님이 알게 하신 미래는 분명히 연결되어 있다고 확신했습니다. 신자는 자신의 현재를 영원에 잇대어 바라봐야 합니다.

이처럼 자신의 현실과 성경이 말하는 장래의 일을 분리시키지 않는 것은 신자의 삶 속에서 드러나는 특징입니다. 다시 말하지만 신자는 현재의 일들을 영원에 잇대어 보는 사람입니다. 본문에 대해서도 마찬가지입니다.

우리는 어떠한 조건에 처해 있든지 11절에서 말하는 장엄한 일들이 반드시 있게 될 것을 믿으며 그 사실을 자기 존재의 중심에 두고 예수 그리스도를 결코 부인할 수 없는 주로 고백해야 합니다. 그리고 이와 같은 고백을 드릴 수 있다는 것이 얼마나 큰 복인지 알아야 합니다.

안타깝게도 세상은 예수 그리스도께서 온 세상의 주권자라는 이야기를 듣고도 믿지 않습니다. 도리어 주님을 미워하고 거부합니다. 그래서 지금은 하늘에 있는 자들과 천사들, 이 땅 위의 사람들 중 일부만이 예수님을 '만주의 주'라고 고백합니다.

하지만 본문이 말하는 대로 장차 모든 존재가 예수님만이 진정 주임을 고백하게 될 것입니다. 어느 누구도 그리스도께 항변하거나 적대감을 드러내지 못할 것입니다. 그분에 대한 모든 빈정댐과 희롱은 사라질 것입니다. 피조물이 할 수 있는 것은 자기 앞에 계신 그리스도께서 진정 온 세상의 주임을 확인하고 그 사실에 압도당하는 것뿐입니다.

그리스도의 영광은 곧 하나님 아버지의 영광

그런데 11절의 말씀은 여기에 한 가지 사실을 덧붙입니다. 그것은 바로 하나님 아버지께 영광을 돌리는 일입니다. 피조물들은 그리스도를 주로 시인함으로써 궁극적으로 성부 하나님께 영광을 돌리게 됩니다. 이것이 최종적으로 있게 될 일입니다.

어떤 사람은 11절을 "그러므로 모든 입술이 예수 그리스도가 주라는 사실을 아버지 하나님께, 그의 영광을 위해 고백한다"라고 번역하기도 했습니다. "그리하여 모든 혀가 예수 그리스도가 구주인 것을 고백하며 그 고백을 통해 하나님 아버지께 영광을 드리게 될 것이다"라고 번역한 사람도 있습니다. 어떤 해석을 따르든지 우리가 알 수 있는 것은 모든 존재가 예수 그리스도를 주라고 시인함으로써 하나님 아버지께 영광을 돌리게 된다는 것입니다.

우리는 성경에서 하나님 아버지께 영광을 돌리는 것으로 귀결되는 본문을 종종 만납니다. 특히 바울은 그의 서신 여러 곳에서 그런 결론에 이르곤 합니다. 가령 로마서와 에베소서에는 다음과 같은 고백들이 있습니다. "이는 만물이 주에게서 나오고 주로 말미암고 주에게로 돌아감이라 그에게 영광이 세세에 있을지어다 아멘"(롬 11:36), "찬송하리로다 하나님 곧 우리 주 예수 그리스도의 아버지께서 그리스도 안에서 하늘에 속한 모든 신령한 복을 우리에게 주시되"(엡 1:3). 우리가 살피고 있는 빌립보서에도 마지막 인사를 하기에 앞서 "하나님 곧 우리 아버지께 세세 무궁하도록 영광을 돌릴지어다 아멘"(빌 4:20)이라는 고백이 나옵니다.

하나님 아버지께 영광을 돌린다는 최종적인 결론은 단순한 찬송의 형식이 아닙니다. 우리는 교회 안에서 "하나님께 영광 돌린다"는 표현을 수없이 듣습니다. 그래서 이 말이 매우 익숙하고 또 어쩌면 익숙한 만큼 하나님께 영광 돌리는 것을 가볍게 생각하고 넘어갈 수 있습니다. 그러나 우리는 멈춰 서서 성경의 저자들이 이처럼 반복하는 사실에 대해 깊이 생각해볼 필요가 있습니다.

예수님도 하나님이 받으실 영광에 대해서 여러 번 친히 말씀하신 바 있습니다. 가령 요한복음 13-14장에서는 다음과 같이 말씀하셨습니다. "지금 인자가 영광을 받았고 하나님도 인자로 말미암아 영광을 받으셨도다 만일 하나님이 그로 말미암아 영광을 받으셨으면 하나님도 자기로 말미암아 그에게 영광을 주시리니 곧 주시리라"(요 13:31-32), "너희가 내 이름으로 무엇을 구하든지 내가 행하리니 이는 아버지로 하여금 아들로 말미암아 영광을 받으시게 하려 함이라"(요 14:13). 또 예수님은 이보다 더 중요하고 직접적인 진술을 기도 속에서 고백하셨습니다. 대제사장으로서 십자가에 달려 죽기 전 드린 기도의 첫 마디는 바로 이것이었습니다. "아버지여 때가 이르렀사오니 아들을 영화롭게 하사 아들로 아버지를 영화롭게 하게 하옵소서"(요 17:1).

요한복음의 이런 진술들이 우리에게 말해주는 것은 다름 아니라 아들과 아버지가 그 영광에 있어 긴밀한 관계에 있다는 사실입니다. 곧 아들이 영광을 받으면 아버지가 영광을 받으시고 아버지가 영광을 받으시면 아들도 영광을 받게 된다는 것입니다. 반면에 아들이 배척당하는 것은 아버지가 배척을 당하시는 것이고 아버지가 배척당하시는 것은 아들이 배척당하는 것입니다. 빌립보서 2장 11절 하반절도 이처럼 아버지와 아들 간의 관계에 근거한 결론입니다. 곧 그리스도를 주로 시인하며 그분을 높이는 것은, 그로써 하나님 아버지께 영광을 돌리는 일이 된다는 것입니다.

이것이 인류 역사의 마지막에 있을 일입니다. 본문이 말하듯 모든 무릎과 모든 입은 예수 그리스도를 주로 시인하게 될 것이며 이로써 하나님 아버지는 영광을 받으실 것입니다. 에베소서는 이 최종적인 결론을 다음과 같이 표현합니다. "하늘에 있는 것이나 땅에 있는 것이 다 그리스도 안에서 통일되게 하려 하심이라"(엡 1:10). 그리고 바울은 고린도전서에서 이를 더 구체적으로 진술합니다. "만물을 그에게 복종하게 하실 때에는 아들 자신도 그 때에 만물을 자기에게 복종하게 하신 이에게 복종하게 되리니 이는 하나님이 만유의 주로서 만유 안에 계시려 하심이라"(고전 15:28). 이것이 마지막 결론입니다. 결국 하나님이 만유의 주로 만유 안에 계시게 될 것입니다. 그 최종적인 순간이 바로 우리 앞에 있습니다.

믿음의 선한 싸움을 계속할 수 있는 이유, 다시 오실 그리스도

많은 사람들은 예수님의 십자가 죽음과 부활이 11절에 나온 최종적인 사건과 연결되어 있다는 사실을 크게 생각하지 않습니다. 그리스도의 부활을 잘 믿지 않을뿐더러 이와 연결된, 마지막에 일어날 일들에 대해서도 심각하게 받아들이지 않습니다. 하지만 사람들이 어떻게 생각하든 이것은 실제로 있을 사실입니다.

그리스도께서 죽고 다시 살아나 승천하신 것을 믿는 사람은 그분을 자신의 주로 고백합니다. 그 주님이 부활 이후 주권자로 계속 다스리고 계심도 압니다. 그러나 그것이 전부가 아닙니다. 예수 그리스도께서는 역사 속으로 직접 들어와 죽고 부활하신 것처럼 마지막 날에 다시 오실 것이며, 모든 무릎과 입은 그분을 주로 시인하여 하나님 아버지께 영광을 돌리게 될 것입니다. 우리는 이렇게 그리스도와 부활 그리고 그분의 재림이 연결되어 있다는 사실을 기억해야 합니다.

그리스도께서는 그분의 백성 된 우리를 위해 만왕의 왕이요 만주의 주로서 온 세상을 다스리고 계십니다. 그리고 결국 다시 오셔서 온 세상의 주권자로 모든 피조물들 앞에 나타나실 것입니다. 이를 아는 것은 감옥에 갇혀 판결을 기다리는 바울에게도, 고난과 고통이 있는 현실과 씨름하던 1세기의 성도들에게도, 이 땅에서 믿음의 선한 싸움을 싸우며 수많은 유혹과 갈등, 시련과 박해를 겪는 모든 그리스도인들에게도 매우 중요합니다.

바울과 1세기의 성도들은 이러한 그리스도의 통치를 분명히 알고 있었습니다. 그들은 또한 로마 황제를 유일한 주로 강요하는 시대에 살면서도 "아니다. 로마 황제조차도 후에는 예수 그리스도가 유일한 주임을 시인하게 될 것이다"라고 믿었습니다. 말씀을 통해 최후에 있을 일들을 분명히 알았기 때문에 그들은 고난 중에도 그토록 담대할 수 있었던 것입니다.

우리도 그들처럼 예수 그리스도를 만왕의 왕, 만주의 주로 믿고 있다면 그 사실이 자신에게 과연 어떠한 의미가 있는지 돌아봐야 합니다. 그리스도의 다스림으로 인해 고난 가운데서도 위로와 새 힘을 얻고 있는지, 세상 사람들과 다른 모습으로 담대하게 살고 있는지 돌아봐야 합니다. 어떠한 유혹과 핍박 중에도 예수 그리스도를 부인할 수 없고 부인해서도 안 되는 자신의 주님으로 확고히 믿고 있습니까? 어떠한 조건에 처해 있든지 간에 우리는 성경이 말하는 이 최종적 결론을 결코 잊지 말아야 합니다.

하나님의 심판대에 설 것을 생각하라

더불어 우리는 바울이 어떤 맥락에서 마지막에 있을 일을 말했는지 기억해야 합니다. 바울이 이러한 결론을 빌립보교회 성도들에게 말한 것은 지체들이 다투고 허영으로 행하고 있었기 때문입니다. 그들은 교회 공동체를 이루고 있었음에도 서로 원망하고 시기했습니다. 서로를 판단하고 경계했으며 심지어 분열의 조짐까지 보였습니다. 바울은 이 모든 것을 알고 장차 있을 일을 언급하며 그리스도 예수의 마음을 품으라고 권면한 것입니다. 그는 그리스도 예수의 마음이 과연 무엇인지 말한 후 11절에서 최종적인 결론을 전합니다.

본문이 말하는 최종적 결론의 때, 곧 그리스도께서 온 세상의 주권자로 나타나실 때에 그분은 또한 심판주로서 세상 모든 일에 대해 판결을 내리실 것입니다. 이는 예수님이 이 땅에 계시는 때 제자들에게 마지막 날에 대해 하신 말씀 속에 잘 드러납니다. 예수님은 그분이 이 땅에 영광 가운데 다시 오실 때 벌어질 일을 다음과 같이 말씀해주셨습니다. "인자가 자기 영광으로 모든 천사와 함께 올 때에 자기 영광의 보좌에 앉으리니 모든 민족을 그 앞에 모으고 각각 구분하기를 목자가 양과 염소를 구분하는 것 같이 하여 양은 그 오른편에 염소는 왼편에 두리라"(마 25:31-33). 심판하시겠다는 것입니다.

한편 바울도 모든 혀가 하나님께 자백하게 되고 각 사람이 자기의 일을 하나님께 직고하게 될 것이라고 말합니다(롬 14:11-12). 특히 우리는 로마서 14장의 내용이 빌립보교회와 비슷한 상황에 있던 로마교회 성도들에게 전해졌다는 점을 주목해야 합니다. 그들도 교회 안에 있으면서 서로를 비판하고 마음 상하게 했습니다. 바울은 이 같은 모습을 드러내던 로마교회에 "어찌하여 네 형제를 업신여기느냐"라고 책망하면서 신자들 모두가 하나님의 심판대 앞에 서게 될 것이라고 말했습니다(롬 14:10).

예수 그리스도의 주 되심을 인정하는 자들이 하나님께 영광을 돌리는 그때에 바로 이와 같은 일들이 있을 것입니다. 기억하십시오. 이 말씀은 그저 좋은 신자, 덕스럽고 고상한 신자가 되라고 전해진 말씀이 아닙니다. 바울이 빌립보서 2장 6-8절을 통해 그리스도의 마음을 설명하며 우리에게 그 마음을 품으라고 한 이유는 우리 각자가 결국은 하나님 앞에 서서 자신이 한 일을 직고하게 될 자들이기 때문입니다.

그러므로 단순히 덕스럽고 품위 있는 신앙인의 이미지를 갖는 데 그치지 말고 실제로 이 땅에서부터 겸손히 행하며 다른 사람을 나보다 낫게 여겨야 합니다. 우리는 모두 하나님의 심판대 앞에 설 것이기 때문입니다.

그리스도의 마음을 품고 서로 대하라

주님이 머리가 되시는 한 몸 공동체인 교회는 그리스도의 마음을 품고 그분의 뒤를 따라야 합니다. 그리고 그분의 마음을 품는 데 따르는 변화 또한 반드시 있어야 합니다. 이러한 변화 없이 계속 다른 사람을 탓하고 비난의 화살을 쏘아대는 것은 옳지 않습니다. 그렇게 행하는 것은 예수 그리스도를 몰랐을 때에나 가능합니다. 언젠가 주님 앞에 서서 자신이 행한 것을 그분에게 직고하게 되리라는 것을 믿고 있다면 그럴 수 없습니다. 자신을 위해 주님이 모든 것을 비우고 낮추셨다는 것을 깊이 깨달으면 깨달을수록 다른 사람에게 받은 상처나 비난, 무관심을 더 이상 마음에 담아두지 않고 그것으로 다른 이를 공격하는 일 또한 없을 것입니다.

교회 공동체에 들어왔다는 증거 중 하나는 이처럼 그리스도의 뒤를 따라 자신을 비우고 다른 사람을 나보다 낮게 여기며 세우는 것입니다. 그것이 주님의 뒤를 따라 자기를 부인하는 삶이요, 그리스도의 몸에 속한 자라는 증거입니다. 말과 생각 가운데 다툼과 허영을 허락하지 마십시오. 그러한 죄악을 계속 품는 것은 그리스도의 몸 된 교회에 이질감을 주는 일이며 결국에는 공동체를 와해하는 원인이 됩니다.

이 땅의 교회는 결코 완전하지 않습니다. 그래서 문제가 드러날 때 공동체에 속한 모두가 자기를 비우고 낮춰 부인하는 일이 더욱 중요합니다. 그것이 세상 사람들과 다른, 그리스도의 몸에 속한 자의 모습입니다. 지체 간에 일어나는 문제의 원인을 끊임없이 자신이 아닌 다른 사람에게서 찾는 사람은 어쩌면 회심의 문제를 먼저 고민해야 할 수도 있습니다. 거듭나지 않으면 말씀을 통해 성령의 조명하심을 받을 수도 없고 그 말씀에 따라 자신을 비춰 볼 수도 없기 때문입니다.

예수 그리스도를 믿어 그리스도와 연합한 자는 영광의 주께서 자신을 위해 무엇을 행하셨는지 아는 자입니다. 그분이 얼마나 기꺼운 마음으로 나 같은 죄인을 위해 그리하셨는지 아는 자입니다. 우리 주 그리스도께서는 도살장에 끌려가는 양과 같이 아무런 말씀도 않으셨고 홀로 그 불의한 재판을 다 받으셨습니다. 그리고 우리를 위해 자신을 비워 죽기까지 복종하셨습니다. 신자는 말씀을 통해 들려진 사실을 모두 믿는 가운데 주님의 뒤를 따라 걷는 사람입니다. 나중에 주님 앞에 설 것을 바라보며 또한 그 주님 앞에 자신이 행한 모든 것을 직고하게 되리라 항상 생각하며 사는 사람입니다.

우리 앞에는 이토록 경이롭고 놀라운 미래가 기다리고 있습니다. 장차 우리는 주님을 알아볼 것입니다. 하지만 그 주님에게 우리는 우리의 행동을 고하게 됩니다. 그러므로 더욱 예수 그리스도의 마음을 품고 서로를 대하십시오. 주님의 명령은 다른 사람이 아니라 나 자신에게 주신 것임을 기억하십시오. 부디 주님께서 이 빌립보서 2장의 말씀을 우리의 마음속에 깊이 새겨주셔서 일생동안 그리스도 예수의 마음을 품고 살다가 주 앞에 서게 해주시기를 간절히 바랍니다.

주

1) 알렉 모티어, 『빌립보서 강해: 항상 기뻐하라』, 정옥배 옮김, IVP, 2008, p.141-142.
2) 랄프 마틴, 『빌립보서』, 김효성 옮김, 기독교문서선교회, 1994, p.107.
3) J. B. Lightfoot, *St.Pauls Epistle to the Philippians*, Hendricson oublishers, 1993(reprinted), p.110-112.
4) A. T. 로버트슨, 『빌립보서 강해: 바울의 기쁨』, 김유배 옮김, 정음, 1984, p.107-108.
5) 랄프 마틴, 『빌립보서』, 김효성 옮김, 기독교문서선교회, 1994, p.110.
6) 재코버스 뮐러, 『빌립보서, 빌레몬서』, 홍성철 옮김, 생명의말씀사, 1981.
7) 도널드 맥클라우드, 『그리스도의 위격』, 김재영 옮김, IVP, 2001, p.293.
8) 프랭크 틸만, 『NIV 빌립보서 강해』, 채천석 옮김, 솔로몬, 2003, p.144.
9) A. T. 로버트슨, 『빌립보서 강해: 바울의 기쁨』, 김유배 옮김, 정음, 1984, p.110.
10) A. T. 로버트슨, 『빌립보서 강해: 바울의 기쁨』, 김유배 옮김, 정음, 1984, p.110(재인용).
11) 윌리엄 헨드릭슨, 『빌립보서』, 서춘웅 옮김, 아가페, 1988, p.142.
12) 도널드 맥클라우드, 『그리스도의 위격』, 김재영 옮김, IVP, 2001, p.298(재인용).
13) 헤르만 바빙크, 『개혁교의학』, 박태현 옮김, 부흥과개혁사, 2011, p.504.
14) 도널드 맥클라우드, 『그리스도의 위격』, 김재영 옮김, IVP, 2001, p.296.

15) 윌리엄 헨드릭슨,『빌립보서』, 서춘웅 옮김, 아가페, 1988, p.146-147(재인용).

16) 도널드 맥클라우드,『그리스도의 위격』, 김재영 옮김, IVP, 2001, p.297.

17) 도널드 맥클라우드,『그리스도의 위격』, 김재영 옮김, IVP, 2001, p.165(재인용).

18) 도널드 맥클라우드,『그리스도의 위격』, 김재영 옮김, IVP, 2001, p.299.

19) 랄프 마틴,『빌립보서』, 김효성 옮김, 기독교문서선교회, 1994, p.116.

20) 도널드 맥클라우드,『그리스도의 위격』, 김재영 옮김, IVP, 2001, p.297.

21) 도널드 맥클라우드,『그리스도의 위격』, 김재영 옮김, IVP, 2001, p.300-301.

22) 도널드 맥클라우드,『그리스도의 위격』, 김재영 옮김, IVP, 2001, p.301(재인용).

23) 재코버스 뮐러,『빌립보서, 빌레몬서』, 홍성철 옮김, 생명의말씀사, 1981, p.67-68.

24) 윌리엄 헨드릭슨,『빌립보서』, 서춘웅 옮김, 아가페, 1988, p.149.

25) 도널드 맥클라우드,『그리스도의 위격』, 김재영 옮김, IVP, 2001, p.299-300.

26) 헤르만 바빙크,『개혁교의학』, 박태현 옮김, 부흥과개혁사, 2011, p.532.

27) 헤르만 바빙크,『개혁교의학』, 박태현 옮김, 부흥과개혁사, 2011, p.533.

28) 문병호,『기독론』, 생명의말씀사, 2016, p.915.

29) 재코버스 뮐러,『빌립보서, 빌레몬서』, 홍성철 옮김, 생명의말씀사, 1981, p.70.

사명선언문

너희가 흠이 없고 순전하여……세상에서 그들 가운데 빛들로
나타내며 생명의 말씀을 밝혀 _ 빌 2:15-16

1. 생명을 담겠습니다
만드는 책에 주님 주신 생명을 담겠습니다.
그 책으로 복음을 선포하겠습니다.

2. 말씀을 밝히겠습니다
생명의 근본은 말씀입니다.
말씀을 밝혀 성도와 교회의 성장을 돕겠습니다.

3. 빛이 되겠습니다
시대와 영혼의 어두움을 밝혀 주님 앞으로 이끄는
빛이 되는 책을 만들겠습니다.

4. 순전히 행하겠습니다
책을 만들고 전하는 일과 경영하는 일에 부끄러움이 없는
정직함으로 행하겠습니다.

5. 끝까지 전파하겠습니다
모든 사람에게, 땅 끝까지, 주님 오시는 그날까지
복음을 전하는 사명을 다하겠습니다.

서점 안내

광화문점	서울시 종로구 새문안로 69 구세군회관 1층 02)737-2288 / 02)737-4623(F)
강남점	서울시 서초구 신반포로 177 반포쇼핑타운 3동 2층 02)595-1211 / 02)595-3549(F)
구로점	서울시 동작구 시흥대로 602, 3층 302호 02)858-8744 / 02)838-0653(F)
노원점	서울시 노원구 동일로 1366 삼봉빌딩 지하 1층 02)938-7979 / 02)3391-6169(F)
분당점	경기도 성남시 분당구 황새울로 315 대현빌딩 3층 031)707-5566 / 031)707-4999(F)
일산점	경기도 고양시 일산서구 중앙로 1391 레이크타운 지하 1층 031)916-8787 / 031)916-8788(F)
의정부점	경기도 의정부시 청사로47번길 12 성산타워 3층 031)845-0600 / 031) 852-6930(F)
인터넷서점	www.lifebook.co.kr